THEORY, METHODOLOGY,
AND PRACTICE OF
LEARNING ANALYTICS

学习分析
理论、方法及实践

欧阳璠 著

ZHEJIANG UNIVERSITY PRESS
浙江大学出版社
·杭州·

图书在版编目（CIP）数据

学习分析理论、方法及实践 / 欧阳璠著. — 杭州：浙江大学出版社，2023.12
ISBN 978-7-308-23290-6

Ⅰ. ①学… Ⅱ. ①欧… Ⅲ. ①学习方法 Ⅳ. ①G442

中国版本图书馆CIP数据核字（2022）第222328号

学习分析理论、方法及实践

XUEXI FENXI LILUN FANGFA JI SHIJIAN

欧阳璠 著

责任编辑 赵 静
责任校对 胡 畔
封面设计 林智广告
出版发行 浙江大学出版社
（杭州市天目山路148号 邮政编码 310007）
（网址：http：//www.zjupress.com）
排 版 杭州林智广告有限公司
印 刷 广东虎彩云印刷有限公司绍兴分公司
开 本 710mm×1000mm 1/16
印 张 12.25
字 数 200千
版 印 次 2023年12月第1版 2023年12月第1次印刷
书 号 ISBN 978-7-308-23290-6
定 价 78.00元

前　言

FOREWORD

我们目前正处于一个数据爆炸的时代，计算机、互联网、人工智能、5G的发展和应用令可获取的显式数据呈指数级增长，应运而生的数据科学正在影响不同学科的发展，例如生物科技、金融、医疗等，也包括教育领域。尤其是新冠疫情后，随着在线学习及混合式学习的蓬勃发展，我们通过技术手段可以获取学生及教师在在线学习环境（例如学习管理系统、慕课、社交媒介和其他支持教学的数字平台）中产生的与教学和学习相关的数据。利用数据科学及技术将有助于将这些数据转化成有意义的、可指导行动的信息，从而为教师和学生提供反馈以提升教育质量。在这种情境下，教育数据科学的一个新兴领域——学习分析——应运而生。学习分析的概念最初在2011年第一届国际学习分析与知识大会（The First International Conference on Learning Analytics and Knowledge，2011）上被提出，与会学者将学习分析定义为：对学习者及他们的学习环境的数据进行测量、收集、分析和汇报，以理解和优化学习过程及学习环境。其他学者也对学习分析有略微不同的定义。例如，在第一届国际学习分析与知识大会之前，Siemens（2010）将学习分析视为“使用智能数据、学习者产生的数据和分析模型来发现信息和社会联系，并预测和建议学习”。Johnson 等（2011）认为学习分析是收集和解释学生产生和代表学生的数据，以评估学术进步、预测未来表现和发现潜在问题。虽然这些定义在一些细节上有所不同，但它们都强调利用数据分析及挖掘技术（如数据挖掘、机器学习、自然语言处理、可视化技术及传统的教育分析技术方法等）测量、收集、分析和汇报学习者及其学习环境数据，为教育工作者和学习者提供教学和学习反馈，从而改善学习过程、教学设计及教学评测。本书主要关注学习分析这一领域，深入探究学习分析在促进与改善教学方面的优势、潜力及存在的问题。

首先，尽管学习分析对教育领域存在潜在的变革性作用，为学校管理者和一线教师提供了改善教学学习、组织管理和决策制定的新渠道，但是对于真正处在教育一线的广大教师和学生来说，仅仅通过一定的数据分析得到“可操作的信息”是远远不够的。相关利益方——包括教师、学生、管理者、从业人员、数据分析人员等——均需要仔细思考在教学及管理过程中我们能够获取什么数据，哪些数据最有可能解决亟待解决的问题，以及如何利用数据进一步指导教学或管理工作。尤其是新冠疫情暴发后迅速发展的在线学习及混合式学习模式，作为一种新的教学实践环境，可产生大量传统课堂无法收集的数据。在这种情况下，我们更需要认真思考如何使用新的技术与方法来理解这些数据背后的教育价值及含义。作为多种技术的一个集合体，学习分析在研究过程中遵循数据科学的基本规范，形成数据收集、数据加工和数据应用的迭代循环，为个性化学习环境的创设提供数据基础，为教师调整教学决策和精准干预提供科学参考，为学习者观察并反思自我学习提供机会。本书第二章“学习分析概述”将具体介绍学习分析的起源与发展，学习分析、学术分析和教育数据挖掘的异同特性，学习分析研究现状及学习分析的伦理和隐私问题等。

其次，学习分析并不完全依靠纯数据驱动，它需要相关学习及教学理论的指导。因为学习分析的最终目的是提高学习质量，所以学习分析技术的使用和相关工具的运用必须以学习及教学理论为指导，相关研究结果也需要进一步促进或完善相关学习及教学理论。目前，学习分析的理论基础尚未系统化，这是学习分析这一领域向前发展所面临的问题，同时也为学习分析的理论研究提出了亟待解决的课题。而学习分析领域除了发展领域本身的理论基础以外，学习分析的实施及应用本质上是基于前人提出的相关学习及教学理论的。这些与学习分析关联较为密切的理论包括：强调学生主观能动性的自我调节理论、强调社会文化和社会交互作用的社会建构主义理论、重视学习网络联通性的联通主义理论、关注学习者内部心理的人本主义学习理论和将教学过程视为一个复杂的源于混沌的自组织系统的复杂系统理论等。我们认为，学习分析需要更好地与学习科学或教育科学结合，从而促进有效的教学设计及教学策略发展，并最终促进有效的教学及学习形成。本书第三章“学习分析理论基础”将介绍五种与学习分析密切相关的理论，分别为自我调节学习理论、社会建构主义理论、联通主义理论、人本主义学习理论及复杂系统理论，旨在帮助读者对与学习分析相关的主要学习科学理论有一个全面而整体的了解，从而进一步理解理论对学习分析领域的指导意义。

再次，学习分析方法丰富多样，主要的分析方法和技术包括分类 / 聚类、回归、文本挖掘、关联规则挖掘、网络分析、内容分析、谈话分析、序列分析、自然语言处理等。这些分析技术和方法具有不同的特征，在使用时需要从实际情况出发进行选择。例如，分类是指找出数据库中的一组数据对象的共同特点并按照分类模式将其划分为不同的类。聚类类似于分类，但与分类的目的不同，是针对数据的相似性和差异性将一组数据分为几个类别，以保证属于同一类别的数据间相似性大，不同类别之间数据的相似性小，跨类的数据关联性低。回归分析反映了数据库中数据属性值的特性，通过函数表达数据映射的关系来发现属性值之间的依赖关系。文本挖掘是从文本数据中抽取有价值的信息和知识的处理技术。关联规则是挖掘隐藏在数据项之间的关联或相互关系，即可以根据一个数据项的出现推导出其他数据项的出现。社会网络分析方法以图形结构展示关系，实体之间的连接类型定义了社会网络的性质。内容分析包括定量和定性分析两种：其中定量分析将文本资料上的文字、非量化的信息转化为定量的数据，建立有意义的类目分解交流内容，并以此来分析信息的某些特征；而定性分析主要由研究者通过阅读、收听或观看，然后依靠主观的感受理解、体会和分析，来解读、判断和挖掘信息中所蕴含的本质内容。谈话分析隶属于社会学中的民族志方法论，将重心放在微观研究领域，注重揭示谈话细节的规律。序列分析是一种面向过程的分析，主要包括滞后序列分析和时间序列分析。学习分析方法还包含许多其他类型，此处不一一赘述。总之，学习分析技术的多样性允许我们从多个角度对教育及学习数据进行分析，从而发现多层次、多维度、多角度的学习特征，并对教育及学习现象进行深入解释。因此，在考虑使用学习分析技术时，我们也应该持有多样化的思维和视角，挖掘数据中潜在的关联和意义。本书第四章“学习分析方法”及第五章“学习分析方法实例”将分别从理论和实操的角度介绍多种学习分析方法，帮助读者掌握主要的学习分析方法并了解如何综合运用多种学习分析方法开展相关教学实践及研究。

此外，学习分析领域除了运用多种分析技术理解学习者、学习过程及学习环境外，领域研究重点的一部分包括学习分析实施及应用，即将学习分析数据报告反馈给教师、学生或管理者，将其应用于教育实践而非教育研究，目的在于提升课堂教学与学习质量。已有研究证明，学习分析反馈与学习效果的提升密切相关，可以将其视为一种教学或学习设计策略、教学评估方法或教师干预支持方法。因此，学习分析研究及实践需要将其实施应用纳入教育实践过程，同时利用教学实证研究检测其效果，进一步改善学习分析实施应用，以最终提高教学及学习质量。本书第六章“学习分析实施”及第七章“学习分析实施实例”将介绍面向教师、学习者和管理者的学习分析实施概念及流程，具体学习分析实施工具的开发及应用，并通过介绍作者研究团队发表的数篇教学研究案例来详细阐述学习分析工具开发流程及实证效果。

最后，学习分析也具有其局限性，并且面临一定的挑战。我们可以收集有价值的教育数据，利用已有工具深入了解学习和教学过程的有效性。然而，教育研究人员和数据科学家经常有一种错误的观念，认为如果计算方法和分析工具运用得当，那么学习分析一定会取得成功，但却忽略了教育过程的复杂性。从复杂系统角度出发，几乎所有的自然和社会现象，包括教育，都是由分布元素的相互作用而产生的非线性的复杂现象。复杂系统作为一个整体大于各部分的总和，这种复杂的作用使得促进学习的发展不能仅仅依靠单一或者个别的元素实现。在教育环境中运用学习分析也一样，在利用其为学习带来促进效果的同时，也要考虑其潜在的威胁和不足。因此学习分析研究人员需要对道德意识、责任性和透明度等方面有更深入和全面的理解，这将有助于释放学习分析的全部潜力，并推动该领域进一步健康、持续发展。本书第八章“学习分析挑战及问题”及第九章“学习分析发展趋势”将从短期良构和复杂劣构两个角度提出学习分析面临的挑战并进行反思，在此基础上，围绕发展学习分析理论、从社会文化角度研究学习分析、将学习分析视为教学方式和从复杂理论角度使用学习分析，提出学习分析未来发展趋势和展望。

总体来说，本书可在整体上帮助读者了解学习分析的基本概念，学习分析具体技术方法，学习分析在教学设计、实践和研究中的应用，及领域面临的关键问题和未来发展趋势。具体来说，第一章“学习分析概述”简述了学习分析的起源与发展，学习分析、学术分析和教育数据挖掘，学习分析研究现状及学习分析的伦理和隐私问题；第二章“学习分析理论基础”阐述了五种不同学习理论与学习分析的关系，展示了这些学习理论是如何指导学习分析领域中的教学实践和实证研究；第三章“学习分析方法”阐述了学习分析的周期和多种主要研究方法，旨在帮助读者了解不同学习分析方法的工作原理和特征；第四章“学习分析方法实例”在第四章的基础上介绍了学习分析作为事后分析方法应用于教育实证研究的案例，以展示如何运用不同的学习分析方法理解学习者、学习过程及其教学环境。第五章“学习分析实施”主要介绍了学习分析实施中相关工具或系统的设计和应用，列举了具体学习分析工具案例的开发及实施过程，以帮助读者了解多种学习分析工具的特点、功能和意图。第六章“学习分析实施实例”重点阐述了作者团队开发的学习分析工具的实施及应用案例，通过结合具体实例帮助读者理解各类学习分析工具的应用目的、意图及完整的开发学习分析工具的流程。第七章“学习分析挑战及问题”从短期良构问题和复杂劣构问题两个角度出发，阐述了学习分析面临的挑战，并提出了相关的思考和建议。第八章“学习分析发展趋势”主要介绍了学习分析未来发展趋势和展望，提供未来学习分析改进的方向及为师生提供利用学习分析改进教学的指导方向。

此外，本书部分案例数据及代码可在作者设置的百度网盘中免费下载学习（百度网盘链接：https://pan.baidu.com/s/1ZyeWV1UC67ApXuQckFqjDw 提取码：la22）。另外作者开设的中国大学慕课“学习分析在教学设计、实践和研究中的应用”（https://www.icourse163.org/course/ZJU-1206577810）也涵盖了本书大部分内容，欢迎读者前往自学。如果读者有任何问题或意见建议可通过邮箱（la_zju@163.com）与作者团队取得联系，我们期待和所有对学习分析及相关领域感兴趣的读者有更深入的交流。

特别感谢课题组内李旭、陈思、戴欣宇、徐炜奇、郑璐怡、张力尹、吴冕及孙丹等同学对本书成稿所做的贡献。特别感谢国家自然科学基金青年项目 (61907038)“大学生在线协作式知识创新研究：实时学习分析工具的开发及应用”对本书出版的经费支持。

目 录

CONTENTS

CHAPTER 1

第一章

学习分析概述

在过去的几十年里，数据科学已广泛应用于不同领域，包括教育。其主要原因在于数据量的大幅增加、数据格式的不断改进、数据分析技术的蓬勃发展及可用于分析的工具数量和种类的激增。学习分析是数据科学在教育领域的主要应用之一，它指对学习者及他们的学习环境的数据进行测量、收集、分析和汇报，旨在理解和优化学习过程及学习环境。我们可以通过对学生产生的数据集的分析发现学生普遍的学习模式、调查不同的学生如何选择使用不同的学习资源并获得不同的学习效果，并通过收集分析过程性数据来研究教学设计如何影响教学过程及质量。此外，在我们探索和享受学习分析带来的好处和成果的同时，其涉及的伦理道德问题尤其是学习分析过程中引发的一系列数据安全与隐私问题也成为该领域关注的重要问题之一，具体包括数据的定位和解释、知情同意、用户隐私、数据的去身份化及数据的分类和管理等。作为学习分析相关研究者，注重数据安全与隐私保护，树立数据隐私安全意识，可以减少学习分析过程中的伦理道德风险，从而充分发挥学习分析技术的潜在价值。总的来说，学习分析作为教育领域近年快速发展的方向之一，为大数据环境下的教育研究与实践提供了一种新颖、高效的方法，也为在线学习、个性化学习、教育管理、教育研究提供了科学客观的分析方式及视野。本章内容为“学习分析概述”，将从学习分析的起源与发展，学习分析、学术分析和教育数据挖掘的异同特性，学习分析研究现状，学习分析的伦理和隐私问题这四个方面展开论述。

第一节　学习分析的起源与发展

进入 21 世纪以来，伴随着移动互联网技术、云计算、物联网技术的发展，大数据应运而生，为各个领域带来巨大变革。例如，商业型企业从数据集的分析挖掘中提取有用信息，利用它们来驱动推荐引擎、识别行为模式或开发广告活动；生物科学领域的高通量测序技术快速发展，使得生命科学研究获得了强大的数据产出能力，包括基因组学、转录组学、蛋白质组学、代谢组学等生物学数据；而在教育环境下，Blackboard 和 Moodle 等虚拟学习环境或学习管理系统的应用使教育领域产生了大量与教学及学习相关的数据集。尤其是在“后疫情时代”，在线学习或混合式学习的发展及大规模学习数据的产生引起了教育领域工作者的关注，也进一步促进了学习分析及教育数据挖掘的蓬勃发展。本节将以梳理时间线的方式简要介绍学习分析的起源与发展过程（如图 1-1）。

学习分析起源于 20 世纪末，早在在线学习或大数据广泛出现之前，教育机构已经开展了与学习分析相关的研究和评估。如 1979 年，英国开放大学的调查研究部门，对远程学生的课程学习情况进行了为期 10 年的监测；Tinto（1997）利用研究数据库对积累了 20 多年的学生数据进行分析，以开展影响学生坚持品质的相关因素研究。该阶段在线学习还处于起步阶段，只有少数机构参与到诸如 FirstClass 的学习系统和 TopClass 或 WebCT 的虚拟学习环境中。相关研究者对在线学习的具体实施和操作尚未形成系统认识，因此该阶段并未推动教育领域学习分析的产生及发展。

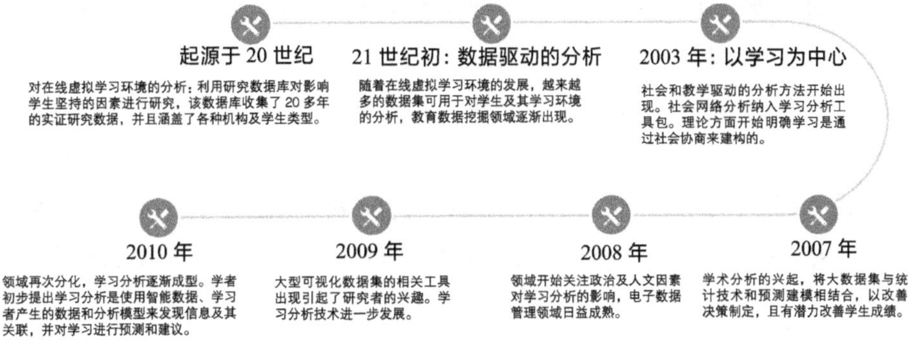

起源于 20 世纪
对在线虚拟学习环境的分析：利用研究数据库对影响学生坚持的因素进行研究，该数据库收集了 20 多年的实证研究数据，并且涵盖了各种机构及学生类型。
21 世纪初：数据驱动的分析
随着在线虚拟学习环境的发展，越来越多的数据集可用于对学生及其学习环境的分析，教育数据挖掘领域逐渐出现。
2003 年：以学习为中心
社会和教学驱动的分析方法开始出现。社会网络分析纳入学习分析工具包。理论方面开始明确学习是通过社会协商来建构的。
2007 年
学术分析的兴起，将大数据集与统计技术和预测建模相结合，以改善决策制定，且有潜力改善学生成绩。
2008 年
领域开始关注政治及人文因素对学习分析的影响，电子数据管理领域日益成熟。
2009 年
大型可视化数据集的相关工具出现引起了研究者的兴趣。学习分析技术进一步发展。
2010 年
领域再次分化，学习分析逐渐成型。学者初步提出学习分析是使用智能数据、学习者产生的数据和分析模型来发现信息及其关联，并对学习进行预测和建议。

图 1-1　学习分析起源与发展过程

21 世纪初，第二代网络的出现为收集、处理来源于网络的不同的内容及信息开辟了新的可能。虚拟学习环境（Virtual Learning Environment，VLE）也在该阶段迅速发展。英国的统计数据显示，1994 年有 7% 的高等教育机构使用了虚拟学习环境；2001 年使用比例达到 40%；到了 2003 年，超过了 85% 的高等教育机构使用过在线学习的方式开展教学。随着虚拟学习环境中相关数据集的产生，数据驱动的分析及挖掘方法开始出现。该阶段数据主要是学生—计算机交互日志，其研究重点是利用数据挖掘和机器学习技术帮助教育工作者评估学生的学习过程。

约从 2003 年起，社会学和教育教学融合的数据分析方法开始出现，最重要的进展是社会网络分析在教育领域的应用。维果茨基提出的社会建构主义认为，知识是通过社会交互及协商建构的。社会网络分析能够对实体间关系、关系特征进行表征，实体（如个人、团体、资源、事件）被表示为具有大小的节点，实体之间的关系表示为具有强度和方向的连线 。社会网络分析通过一系列节点层面和网络层面的度量属性来描述实体和网络的属性、特征，成为日后学习分析技术的主要方法之一。

尽管社会网络分析在学习科学中扎根已深，也属于学习分析的一大类别，但是学习分析还缺乏教育理论的支持和指导，因此各种学习分析方法及工具通常被认为是中性的，也就是与教学及学习本质欠缺关联。直到 2008

年，教育学理论才开始在学习分析领域受到高度关注，其中被重点关注的是社会建构主义。社会建构主义认为，学习过程是通过个人参与社会互动实现的，这一观点借鉴了杜威和维果茨基等主要教育理论家的工作，为学习分析提供了坚实的理论基础。同时，在该阶段人们开始对各类可视化大型数据集工具产生兴趣，例如，开源工具 Gephi 支持网络数据的过滤、聚类、导航和操作，sense.us 工具支持异步协作，包括跨多种可视化类型的图形注释和视图共享。

2010 年数据分析领域再次分化，学习分析逐渐成为一个独立的领域。Siemens（2010）在一篇有影响力的博客文章中给出了学习分析较早期的定义：学习分析使用智能数据、学习者产生的数据和分析模型发现有意义的信息和联系，并对学习进行预测和建议。这一定义在学界开展进一步讨论之后得到了完善，并于 2011 年第一届学习分析和知识国际会议上得到了确定，即对学习者及他们的学习环境的数据进行测量、收集、分析和汇报，以理解和优化学习过程及学习环境。至此，学习分析作为一个独立领域出现并开始蓬勃发展。

学习分析技术可通过不同的方式促进教育创新和改革。对于学生而言，学习分析技术能够改进甚至改革学习评价模式，实现过程性评价、多元性评价。与此同时，在学习情境不断变化的大环境下（如非正式学习、新网络媒体、教育游戏兴起），学习分析技术洞悉和汇报不同情境中学习的发生及发展，有益于拓展教育者和公众对学习的认识，惠及新的学习形态。对于教师而言，学习分析可以促进教师专业发展并改进教师评价模式。相对以往以教师的教学成果（如发表论文、教学观摩等）为依据来评价其专业发展，在数据时代，我们可利用教师备课、上课、团队研讨、网络研修、教学反思、教学成果等过程性信息开展对其教学质量的过程性评价。这不仅可以记录教师专业发展的轨迹，还可以向教师反馈其专业发展中存在的问题，提供改进的方向。另外，教师发展中心等相关部门还可以利用学习分析工具为教师提供个性化的支持，支持教师自我探究，有针对性地改进教学。对于不同层次的教育机构而言，学习分析工具或能提供对教学更全方位的认识。例如，除学习行为数据外，目前我国各级各类学校广泛使用的智慧一卡通可以监测学生的其他学习行为模式，如进出图书馆选择阅读的书籍类型等。教育机构可以利用学习分析深入理解学习过程，并在各种教育环境中加强这些学习过程，包括学习分析驱动的教学干预补救、学生学习过程辅导、选课及学位规划等。更重要的是，学习分析可以辅助教学决策，促进以数据为导向的学习评估，并为学习者提供个性化学习支持。

综上所述，学习分析作为一门新兴的学科，通过对数据的严格分析、评估和反馈，生成学习者特征、预测学习结果并及时提供反馈意见，改进教与学的质量，为线下、线上和混合式学习环境中的学习及教学提供数据及技术支撑。

第二节　学习分析、教育数据挖掘及学术分析

与学习分析密切相关的另外两个概念为教育数据挖掘（Educational data mining）和学术分析（Academic analytics）。Romero 和 Ventura（2010）将教育数据挖掘定义为：综合运用数学统计、机器学习和数据挖掘的技术和方法，对教育大数据进行处理和分析，通过数据建模，发现学习者学习结果与学习内容、学习资源和教学行为等变量之间的相关关系，来预测学习者未来的学习趋势。教育数据挖掘利用基于集中性大型数据的计算分析或建模方法，发现教学现象及变量之间的相互关联与规则，为教学决策和学习支持提供服务。学术分析结合学校组织层面的大型数据集、利用统计技术和预测建模等方法探究组织层面的与机构运营和管理相关的重要因素及其关系，为学校或教育机构领导提供决策指导。总体而言，学习分析、教育数据挖掘和学术分析三个领域之间存在异同之处，也存在交叉部分。其主要区别在于学习分析注重对学习相关元素的分析及解释，教育数据挖掘主要利用大数据收集及分析以解决技术问题，而学术分析更侧重于利用数据进行学校及组织层面的

管理。

首先，学习分析是对学习者及其他们的学习环境的数据进行测量、收集、分析和汇报，以理解和优化学习过程及学习环境。学习分析研究可分为描述性研究、解释性研究和预测性研究三种类型：第一，描述性学习分析研究的重点是调查和描述学习和教学的问题、过程或某些现象，它在提供一个主题的相关信息的同时尝试对该主题或现象进行探索，试图更详细地描述正在发生的事情或现象，填补缺失的信息，扩展对该现象的理解。描述性学习分析的目标是收集尽可能多的信息，关注“是什么”和“如何做”，而不是“为什么”。研究者在初步调查一个新领域时，通常会使用描述性方法来探索可能存在的影响因素及这些因素之间的潜在关系，这些信息可以在后续研究中用来提出假设，并通过实证研究进行调查。第二，解释性学习分析重点在于使用所有可用的证据来对已经发生的结果或现象提供解释。解释性学习分析具有事后分析和反思特征，旨在促成对某一现象的理解。例如，回归模型可用来推断学习者群体的年龄、性别和社会经济地位等因素与学生成绩的关系；同时，提供一个可以连接到现有理论的解释数据方式。解释性学习分析的重点在于探索并理解“为什么”的问题。例如，为什么一个模型能很好地适应并解释相关数据。解释性建模的目的通常是建立因果关系（不同于相关性），尽管这些方法往往不同于实验研究，仅仅依靠理论解释来推断因果关系。研究者可以通过增强模型解释性及其对未来学习结果的影响来加强教育数据挖掘、学习理论和教育实践领域之间的关系。第三，预测性学习分析与教育数据挖掘有着密不可分的关联，预测性建模是其中一项主要实践和应用，主要侧重于预测学生的成绩或学业成就。可能面对的问题包括预测学习的衡量标准（如学生的学业成绩或技能的获得程度）、教学因素的影响（如某一特定教学风格或特定教师对个体学习者的影响），以及对行政管理部门有价值的信息（如预测保留率或课程注册率）。与解释性建模不同，预测性建模所依据的假设是，通过对一组已知数据（在数据挖掘文献中称为训练数据集）变量之间关系的研究预测新数据的变量特征或关系。解释性建模不是为了对未来学习及教学做出任何判定，预测性建模是为了做出信效度较高的预测断言。

其次，学习分析可以从宏观、中观及微观层面进行分类。宏观层面的学习分析通过对当前学校机构实践的成熟度调查实现跨机构数据融合式分析。教育部门能够在有效共享汇总、存储和解读数据的基础上，利用学习分析工具更全方位地了解区域内的教育态势，制定发展方略。中观层面的学习分析在学校和学院机构层面进行，目的是用于评估课程、院系所或整所学校的绩效表现。教育机构能够有效地使用工具来集成单独的数据集、优化工作流、生成数据汇报仪表盘、挖掘非结构化数据、更好地预测学生辍学率，以帮助教学服务人员提高工作质量和效率。微观层面的学习分析支持跟踪和解释单个学习者及组别层面的学习过程性数据，为学习者和教师提供细节化的学习过程信息及解释，本书后面章节的实例主要聚焦于微观层面的学习分析及应用。

学术分析是与学习分析相关的另外一个概念，是指将商业智能的原则和工具应用于学术界，以改善教育机构的政策决策和绩效管理。它是商业智能在教育中的应用，强调机构、地区和国际层面的分析。 学术分析结合了大型数据集、统计技术和预测建模，也可作为一种挖掘机构数据以产生“可操作的信息”的实践。学习分析比学术分析更具体，前者的重点集中于学习过程（包括分析学习者、内容、机构和教育者之间的关系），后者结合了大数据集、统计技术和预测建模，反映了数据分析在机构层面的作用。与学术分析相比，学习分析需要考虑受众和目的，考虑是否能够提供宏观（政府、机构）、中观（学校、班级）或微观（学生个人或活动）层面的见解或信息，及这些层面的见解和信息是否能被利益相关者有效地理解和运用。

国际教育数据挖掘协会将教育数据挖掘定义为：利用相关技术探索挖掘来自教育环境的数据，并利用数据结果来更好地理解学生及他们的学习过程和环境。教育数据挖掘和学习分析这两个概念既有区别又有联系。首先，学习分析与教育数据挖掘的相同点在于，两者都基于教与学的数据并利用有效的方法分析数据，从而改善教学和学习实践。其次，它们都非常强调学习科学和教育理论之间的联系，这两个领域的研究人员多使用学习科学和教育理论来指导数据分析，并旨在利用结果进一步回馈和反哺理论。而两者的不同之处主要集中在研究兴趣及技术方法两方面。首先，从研究兴趣角度出发，教育数据挖掘专注于技术维度的挑战。因此，教育数据挖掘的研究人员着眼于自动化建模的应用，目的是利用技术提高从教育环境中发现数据及数据间关系的能力。其主要应用场景包括分析与学生行为相关的大型数据集以发现普遍的学习模式及路径，通过各种算法识别、预测慕课中学生的学业情况、辍学率等。而学习分析专注于教育维度的挑战，更关注学习者参与模式和资源使用对教学实践的影响等，关注如何进一步优化学习并提高学习质量。学习分析研究人员通过数据驱动的分析、反馈和解释促进教师和学习者的反思，比如告诉师生有哪些具体的困难，帮助教师提供合适的学习干预、优化教学内容，使教育适合个体学习者的需求和能力等。其次，在技术方法层面，教育数据挖掘侧重于自动化分析及发现，更加强调分析变量及变量间的关系；而学习分析侧重于研究主体的判断，更加强调从整体上理解教育系统，考虑其复杂性因素及因素变化对学习和教学的影响。学习分析常采用的技术方法包括社交网络分析、内容分析、话语分析等，教育数据挖掘常采用的技术方法包括分类、聚类、贝叶斯建模、关系挖掘等。总而言之，学习分析更强调利用学习数据来更好地为教师和学习者提供信息以促进教学和学习质量，而教育数据挖掘更强调利用各种技术和算法收集和分析数据以自动化适应学习。

第三节　学习分析研究现状

基于知识图谱可视化分析视角，本节采用由美国德雷塞尔大学信息科学与技术学院陈超美教授研发的科学文献可视化分析软件 CiteSpace，通过文献计量法来探究当前学习分析研究现状。本研究选取的数据库为 Web of Science

核心合集中社会科学引文索引（SSCI）期刊，SSCI 数据库中发表的文章通常被教育研究人员认为是高质量的出版物。采用“learning analytics”为主题词；学科领域细化为“education & education research ”；论文索引时间跨度为 2010—2022 年；文献类型包含期刊论文、在线发表、会议录论文。截至 2022 年 1 月，共搜索到 796 篇文章。

根据研究国家和地区出现的频次统计，在 2010—2022 年发表相关文章的国家和地区中，发文量位居前列的国家和地区分别是美国（192 篇）、中国（118 篇，其中台湾地区 50 篇）、西班牙（77 篇）、英国（77 篇）、荷兰（46 篇）、加拿大（42 篇）、德国（35 篇）、苏格兰（34 篇）及澳大利亚（11 篇）。

共现网络分析有助于研究人员探究内容间的知识网络关系，挖掘研究领域的核心知识节点，展示当前领域的知识结构、研究范式、研究主题和研究热点。由于使用关键词频率作为测度节点指标，许多没有研究意义的关键词，例如学生（student）、学习（learning）等，对解读学习分析研究现状没有实质性贡献。因此，本书使用度中心性（degree centrality）作为测度节点的指标，阈值设为 30，即在可视化的结果图上显示度中心性大于 30 的关键词。阈值越大，筛选出来的关键词越少。设置 30 作为阈值的原因在于如此获得的词云图清晰，重叠较少，关键词具有代表性。CiteSpace 使用度中心性以发现和衡量某一关键词与其他关键词共现连接程度，具有高度中心性的文献通常连接其他关键词最多。

图 1-2 反映了当前围绕学习分析的度中心性大于 30 的关键词共现图谱，排名前十的关键词为学习分析（learning analytics，度中心性为 96，频率为 384）、参与度（participation，度中心性为 57，频率为 25）、学习环境（environment，度中心性为 56，频率为 24）、知识（knowledge，度中心性为 55，频率为 38）、学业成就（achievement，度中心性为 54，频率为 36）、模式（pattern，度中心性为 53，频率为 33）、模型（model，度中心性为 50，频率为 53）、学业成绩（performance，度中心性为 48，频率为 88），反馈（feedback，度中心性为 45，频率为 21）、在线（online，度中心性为 42，频

率为 57）。由此可见，从学习分析成为一门独立学科开始（2010 年）至 2022 年，教育领域围绕“学习分析”的研究热点主要聚焦于在线学习环境，并围绕学生参与度、模式、学业相关的学习成绩或成就展开分析。另外一个主要的研究话题是反馈，这类研究主要聚焦学习分析的实施，通过仪表盘为学生或者教师提供反馈，以唤醒学生的元认知和能动性。

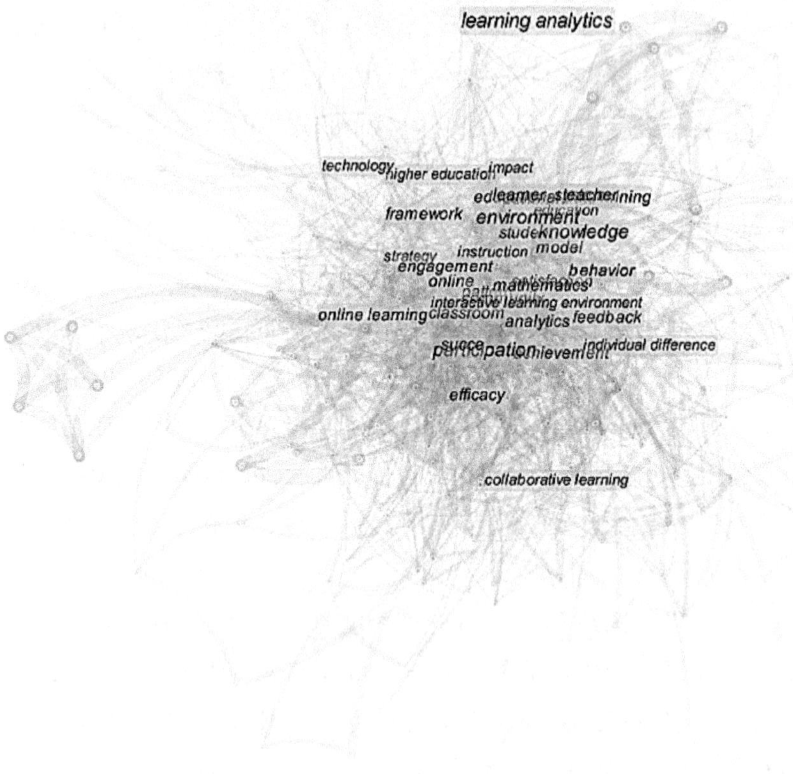

图 1-2　2010—2022 年围绕学习分析的研究关键词共现图

除此之外，为了更清晰地剖析学习分析的研究热点，本研究运用“对数似然率”（聚类标签词提取算法之一）计算得到文献关键词聚类图（如图 1-3 ）。结果发现，国外 2011—2022 年围绕学习分析的研究存在 396 组共被引关系，形成了 9 个聚类（对数似然率越大的关键词越能代表这个聚类）。研究选取内部文献节点数量位列前五的聚类，并标示出每个聚类内部的高频术语（见表 1-1），发现当前围绕学习分析的研究热点主题主要包括慕课论坛（MOOC discussion forum）、学习分析（learning analytics）、学习策略（learning strategy）、学习分析的实施（application of learning analytics）、学习分析方法（learning analytics approach）等。

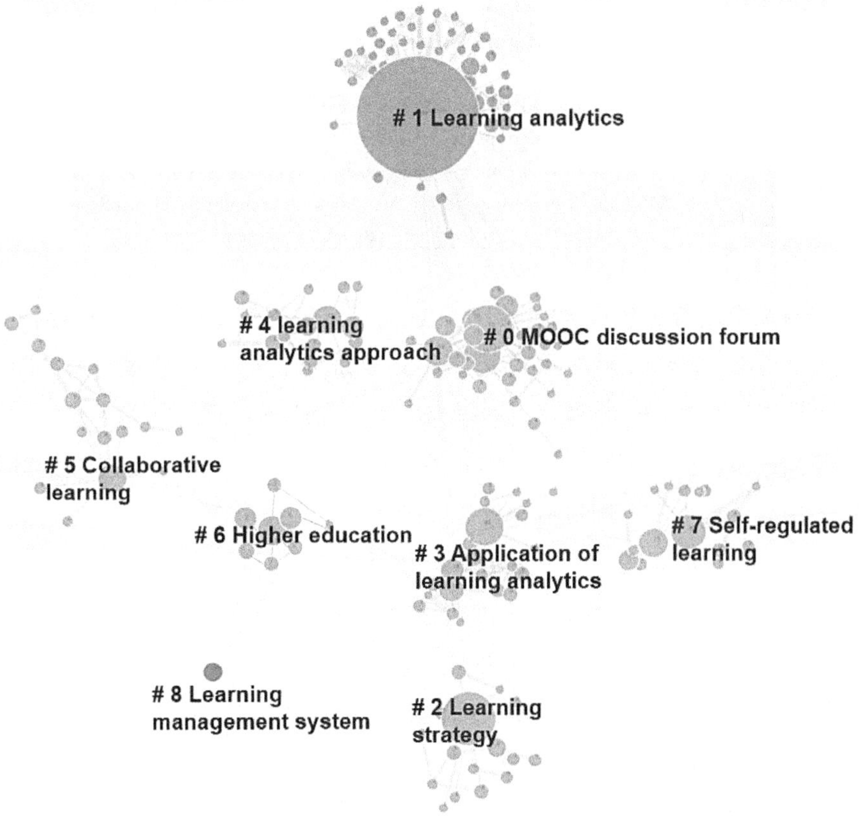

图 1-3　2011—2022 年国外围绕学习分析的研究聚类图

表 1-1　2011—2022 年国外围绕学习分析研究的关键词聚类

聚类名称	大小	平均发文年份	高频术语 （对数似然率）
慕课论坛	59 个节点	2017	learning achievement; learning management system; online learning; student action ; learning analytics; case study; student participation; online discussion; university online
学习分析	58 个节点	2014	case study; using learning analytics; personal learning environment; massive open online courses ; exploratory study; learning design; students evaluation; text analysis; teachers qualities
学习策略	56 个节点	2017	self-regulated learning; case study; learning strategies; online learning ; learning outcome; learning analytics dashboard; student participation; learning design; providing learning analytics
学习分析的实施	42 个节点	2018	empirical investigation; task-value scaffolding; predictive learning analytics dashboard ; using learning analytics; collaborative learning; digital learning game; using clustering method
学习分析方法	38 个节点	2016	adaptive learning; learning analytics approach; self-regulated learning; micro-level processes; dropout behaviour ; learning analytics dashboard; educational technology classroom research; online problem; data mining

慕课论坛聚类包含 59 个节点，聚类平均轮廓值（S 值）为 0.591（一般认为 S>0.5，聚类即为合理），发表平均年份为 2017 年。该聚类的高频术语包含学习管理系统、在线学习、学生行为、学生参与度、在线讨论、高等教育等。这说明此类聚类主要聚焦高等教育阶段，重点分析学生在在线学习系统的参与、行为等。通过梳理核心文献发现，Cerezo 等（2016）通过教育数据挖掘对学生在学习管理系统中参与学习过程的不同模式进行聚类。在分析了 140 名本科生参加课程的日志数据后，研究发现了 4 种不同的学习模式，不同模式会导致学生不同的最终成绩。Xie 等（2014）考察了角色分配对慕课社交网络的影响，结果表明，当学生被分配到主持人位置时，他们的参与程度、多样性和互动性显著增加。

学习分析聚类包含 58 个节点，聚类平均轮廓值（S 值）为 0.723，发表平均年份为 2014 年。该聚类的高频术语包含个案分析、个性化学习环境、慕课、探究式研究、学习设计、学生评价、文本分析等。这说明在此聚类下，学习分析的早期研究多从描述性学习分析的角度出发，通过文本分析等手段，探索性地解读不同学习环境下学习者的特征，此类研究的目的和价值多体现在为学生评价提供新视角或新数据。比如 Sorour 等（2017）采用潜在 Dirichlet 分配与概率潜在语义分析两种方法，分析不同格式的评论数据以预测学生的表现。研究通过学生在每节课后的评论数据，从学生的学习态度、倾向和与课程有关的学习活动出发进行分析。结果表明，这两种分析方法能够持续跟踪学生的学习情况，提高预测最终成绩的能力。Amigud 等（2017）将学习分析整合到评估过程，利用基于机器学习的框架分析了研究生书面作业的语言使用模式，为学生身份和学生制作的内容提供可访问的、非侵入性的验证，以提高电子学习环境中的学术诚信。

学习策略聚类包含 56 个节点，聚类平均轮廓值（S 值）为 0.66，发表平均年份为 2017 年。该聚类的高频术语包含自我调节学习、个案研究、学习策略、学习结果、学习分析仪表盘、学生参与度等。这说明在此聚类下，研究已经逐渐转向为以学生为中心的学习分析，并且开始使用仪表盘等工具提供学习分析结果以促进学生自我调节学习。通过梳理核心文献发现，Sun 等（2019）调查了鼓励型和警告型的智能反馈如何影响学习者的学习参与（行为、情感和认知）和认知负荷（心理负荷和心理努力）。研究检测了学习者数据库在线学习任务外或任务中行为学生连续的行为模式并提供即时的智能反馈。结果表明，鼓励加警告反馈能引起更高的情绪和认知投入，而警告反馈能引起更高的心理负荷。该研究建议，在设计智能学习环境时，鼓励和警告智能反馈应联合使用，以增强学习过程的吸引力和提高情感投入，从而增强学生自我调节学习的能动性和意愿。Hsiao 等（2017）开发了一种可视化分析方法，以考察不同学习策略对虚拟世界中学习成果的影响。特别是本研究采用基于社会网络的可视化分析方法，将虚拟世界中学习者学习的路径可视化，并寻求学习路径、学习策略和学习结果之间的联系。研究结果表明，可视化分析有效地展示了学生习得词汇的学习策略，成绩好的学生和成绩差的学生在学习新单词时倾向于使用不同的策略。

学习分析的实施聚类包含 42 个节点，聚类平均轮廓值（S 值）为 0.687，发表平均年份为2018年。该聚类的高频术语包含实证调查、任务导向的教学支架、预测性学习分析仪表盘、协作学习、电子学习游戏等。在2018年前后，学习分析的研究开始聚焦于学习分析的应用，研究环境多为在线协作学习，通过向学生提供教学支架或通过学习分析仪表盘提供反馈促进学生学习。通过梳理核心文献发现，Chen等（2021）基于设计的研究方法，设计并实现了一个面向学生的社会网络分析工具以呈现社会互动、写作主题和主题联系，采用定量内容分析、统计分析和定性分析相结合的方法调查了工具对学生社会参与和认知参与的影响。结果表明，社会网络分析工具提高了学生的社会参与和认知参与；Ouyang等（2021）研究了任务导向的教学支架、思想导向的元认知教学支架对师范生知识建构的影响，结果显示，元认知教学支架对知识构建的影响具有复杂性。思想导向的教学支架有助于利用同伴互动促进提问和提出观点；普通教学支架也同样支持学习者以思想为中心的解释和阐述；而任务导向的教学支架则没有促进学生学习。

学习分析方法聚类包含38个节点，聚类平均轮廓值（S值）为0.709，发表平均年份为2016年。该聚类的高频术语包含适应性学习、自我调节学习、微观层面的过程分析、辍学行为分析、学习分析仪表盘、教育数据挖掘等。这说明此类聚类通过聚焦使用学习分析方法对学生学习进行分析，包含数据挖掘、微观层面的过程分析等。梳理核心文献发现，Chen等（2021）利用不同的机器学习方法对大学生的学业成绩进行预测，结果表明，贝叶斯分类器具有高等水平的预测效果；逻辑回归、高斯朴素贝叶斯、支持向量分类、决策树和随机森林、神经网络在准确性、精密度和召回度量方面取得了中等水平的预测效果。影响预测模型的学生在线阅读行为包括翻页、回到前一页和跳转到其他页、添加/删除标记、编辑/删除备忘录。这些行为与学习成绩具有显著正相关关系，因此，研究提出在使用电子课本的学习中，以上学生行为应该受到鼓励。

通过知识图谱可视化分析，我们发现学习分析领域主要研究集中于学习分析的方法应用和学习分析的实施。一方面，研究关注通过数据挖掘、微观层面的过程分析，对高等教育阶段在线学习系统中学术的学习特点如参与、行为等进行分析，为学生评价提供新视角或新数据；另一方面，研究提出用仪表盘等工具提供学习分析结果可以促进学生自我调节学习。

第四节　伦理及隐私问题

学习分析领域固有的一个前提假设是了解学习者的学习行为或过程对学习者个人、教师和教育从业者等是有利的，分析学生或学生群体并进行有效的教学设计和干预对学生是有利的。然而，任何涉及数据收集和再利用的做法都涉及法律和道德层面的伦理问题。虽然大多数机构对收集和使用研究数据有明确的指导方针和政策，但依然无法保证相关人员在使用学习分析时能够遵守法律和道德准则。随着学习分析技术及工具的发展进步，我们在道德和隐私方面需要严肃考虑以下问题：是否应该告诉学生他们的学习活动正在被跟踪？应该向学生、教师、家长和其他人提供多少信息？学生是否有权利针对其产生的数据问题寻求帮助及如何寻求帮助？

数据的收集和使用面临着许多道德挑战，包括数据的定位和解释、知情同意、用户隐私、数据的去身份化及数据的分类和管理等。首先，在数据的定位和解释方面，关于如何充分解释学生群体的数据性质仍然存在一定的问题。行为的系统化建模要求研究和分析做出恰当假设，这决定或限制学校机构如何对学生的表现做出反馈。如果学习分析仅限于分析学生行为的相关数据，那么学习分析就退回到行为主义学习理论。其次，在知情同意、用户隐私和数据的去身份化方面，考虑到学生和教师的隐私问题，机构在使用数据之前需要重新鉴定数据的重要性，包括保留个人的唯一标识符、不识别个体的真实身份等。再次，在数据的分类和管理方面，尽管计算机算法和模式识别在为学生提供个性化、及时性支持方面具有巨大潜力，但是模式识别可能会导致学生未来的学习受制于过去的学习选择。学生身份的动态性要求研究者采取更加合理的措施，允许学生在算法和模型的框架之外开展学习行动和决策。

因此，相关研究在开展任何形式的数据分析活动之前，应了解收集和处理数据的法律和道德影响，主动地考虑潜在利益、与学习和社会相关的意外结果，与实验方案和最终优先权相关的伦理问题。信息量和算法分析的复杂性包括用户是否同意在学习系统中收集、存储、处理和共享数据。研究人员需要统筹考虑正义性和利益性，例如数据分析结果是否能提供更好的教学服务。在理想情况下，学习分析和教育数据挖掘工具和技术还应该提供一定的透明度和算法问责制。透明度在微观和宏观层面都很重要，因为披露相关信息有助于消除利益相关者的疑虑，以防他们在缺乏足够的学习分析或数据挖掘信息时感到恐慌。尽早开展开放式的交流也有助于减少一小批精英科学家对学生的学习过程和结果所产生的控制权，这有助于学校机构接触更多的数据主体和更广泛的学习社区，从而从宏观层面帮助学习者及其他利益相关方。

Slade 和 Prinsloo（2013）从道德实践的角度提出了一些学习分析指导原则。第一，学习分析是一种道德实践，不仅应该关注学习的有效性，还应该依据相关的指导考虑道德上的必要性和恰当性。第二，学生是主观能动的主体。学习分析不应把学生视为数据生产者和学习干预的接受者，而应该让学生成为合作者，让他们自愿参与合作，赋予提供相关数据和访问权限的权利。学习分析应服务于学生的学习和发展，而不仅仅是提高学校机构数据概况和干预效果。第三，学生的身份和表现是动态变化的。学习分析提供了学习者在特定时间和环境下的学习视图，但这不是永恒不变的状态，特定情况下学习者的学习状态不能说明其整体学习进程或最终成功率。第四，学生的成功是一种复杂而多维的结果。学习分析研究人员和教师需要看到学生的成功是学生、学校机构和社会因素之间在不同阶段的非线性、多维、相互依赖的互动结果。尽管学习分析为更全面地理解学生的学习提供了机会，但分析的数据并不完整，很多情况下容易形成偏见。第五，教育机构应该在数据使用目的、使用条件、数据获得者及保护个人身份的措施等方面保持公开透明。第六，学校机构应利用现有数据更好地了解教育进而改善教与学的结果。总而言之，学习分析应该从设计的第一阶段开始考虑其涉及的隐私和伦理问题，相关研究实践至少应该审核数据驱动的教学工具是否存在意外偏差、恶性社会性比较及风险和利益不平均分配问题，并制定积极主动的措施以应对可预见的问题。

本章小结

本章主要介绍学习分析的概况，旨在帮助读者了解学习分析发展历史，建立全面的学习分析知识框架，确定其与学术分析、教育数据挖掘等相关概念的区别，明确学习分析研究现状和未来发展趋势，同时引导读者关注学习分析中存在的伦理及道德问题。

思考

1. 什么是学习分析？学习分析可如何分类？
2. 什么是学术分析和教育数据挖掘？它们与学习分析的区别是什么？
3. 学习分析可能存在哪些伦理及隐私问题？有何解决办法？

CHAPTER 2

第二章

学习分析理论基础

本章将介绍五种学习分析相关理论基础，分别是自我调节学习理论、社会建构主义理论、联通主义学习理论、人本主义学习理论及复杂系统理论，旨在帮助读者了解与学习分析相关的学习及教学理论，进一步理解理论对发展学习分析技术和实施学习分析教学的指导意义。第一，自我调节学习理论认为学习者为自己的学习设定目标，然后在目标和学习情境的指导和约束下，尝试监控、调节和控制认知、动机和行为。将支持自我调节学习的方法与学习分析方法相结合，可以更好地理解学习过程，这是为数字学习环境设计和开发自适应提示的先决条件。第二，社会建构主义学习理论认为学习是学生在社会情境中通过交互、交流主动建构知识的过程。社会建构主义支持下的学习分析关注学习过程的互动环节，为协作学习分析奠定了基础。第三，联通主义学习理论作为解释人类面向开放复杂信息网络环境该如何学习的学习理论，以知识管理和创新为核心，强调学习即连接的建立和网络的形成过程。联通主义学习理论所秉持的知识观、学习观，对学习行为分析的影响与以往的方法差异性较大，运用已有的研究方法，很难对联通主义学习行为进行综合、充分的描述与表征，需寻找新的研究方法。第四，人本主义学习理论强调以人为本和自我实现，重视学习者的内在心理特征和学习体验，有利于增加学习分析的教育关怀。第五，复杂系统理论以更加全面的视角去理解和分析整个学习过程，包括学习者的认知、元认知、情感等多个方面及学习者与自身、与他人、与信息之间的动态关系，为未来教育教学领域的数据分析及发展趋势预测提供依据。

第一节　概　述

教育领域中，以学习分析为代表的新兴技术的出现为促进教学方式的转变和教学效果的提升带来了巨大机遇。学习分析结合数据科学的技术，将源于计算机、生物学、社会学等学科的工具和方法应用于教育场景中，以帮助教师和学生解决教学和学习过程中的问题。然而，由于跨学科和技术导向的特性，教育技术学领域自发展以来，经常被研究人员及教育者诟病其方法论薄弱和理论欠缺等问题。这意味着教育技术学中的大部分研究是被现有技术及“技术可以实现什么”的常识判断和经验主义的假设所驱动的，缺乏足够的学习理论框架支持。作为一门具有研究实践和应用性质的科学，教育技术学在教育教学实践中无法脱离教育实际问题及学习理论的指导支持。由此，学习理论在“技术”与“教育”的融合中具有明显的核心作用。学习分析面临同样的问题，理论深度的不足导致其发展缺乏系统性、完整性和科学性。因此，在教育场景中应用学习分析技术时，需要强调理论指导的核心作用。

在学习分析的实践与应用中，理论、技术与教学呈现三角关系（如图 2-1）。首先，技术维度更侧重于工具与方法的层面。学习分析的技术基于数据科学，整合多种分析工具和方法，如社会网络分析、内容分析、自然语言处理等，目前已经形成了一套较为完整、丰富的技术体系。其次，从教学维度切入，技术需要应用到具体的教学中去，用以解释教育现象或解决教育问题。但是教学实践是复杂的，其不仅涉及技术和工具的选择与操作，还包含教育、社会、文化、心理、人伦等多个方面的考量。从这个意义上说，形成教学需求与技术功能之间的良性促进关系并不是一项简单的工作。此时则需要理论的介入指导，为技术应用在教学中提供框架支持，帮助我们厘清学习分析技术该如何应用于教学场景中、需要分析何种数据及如何分析等问题。总体而言，在学习分析的实践与应用中，应注重并考虑技术、理论与教学之间较为稳固的三角关系。

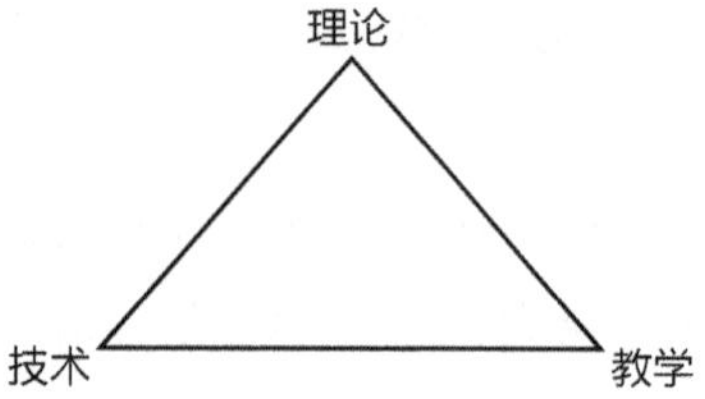

图 2-1　理论—技术—教学三角模型

在学习分析中，如何有效和精确地捕捉和表征学习过程是一个持续性的挑战，并将不断引发对学习分析中对“学习”本质的实质性思考。此外，尽管学习分析作为一种不断发展的技术，目前已被用于解决各种实际的教育问题，但学习分析之学习测量和学习表征尚未有效地整合到现有的学习理论框架中。因此，学习分析在发展中面临的一个核心问题是：如何将以数据为导向的分析方法与学习及教学相关的概念或理论框架相结合，以解决具体教学中的问题，同时利用学习分析实证结果完善相关学习教学理论框架。基于此，本节将介绍与学习分析相关的主要理论及概念，并详细阐述它们是如何指导教育实践和研究的。

第二节　自我调节学习理论

自我调节学习（Self-regulated Learning）是学习分析的关键理论。其概念最早在 1989 年被提出，它认为学习者能在一定程度上从元认知、动机和行为方面积极主动地参与和调节自己学习的过程。随着自我调节学习概念和相关理论的发展，不同的学者试图通过研究探讨自我调节学习框架，尤其是学习者自身或者学习情境等因素如何影响学习过程的发生，这也为之后学习分析发展奠定了基础。尽管学者提出的具体框架之间存在差异，但框架的不同方面代表了自我调节学习的整体范畴，即学习可以被理解为一种主观的、动态的、复杂的现象，包括动机、行为、认知、社会、文化和情境等因素。其中，学习目标、自我效能感和自我调节学习策略是学习者完成自我调节的三个重要因素。总体而言，学习是学习者自我调节的过程，且学习者在学习过程中具有主观能动性，具体表现在为了达到学习目标，能够主动获取知识和技能，而非依赖教师、家长或其他主体。

根据自我调节学习理论，当学习者进行自我调节学习时，他们通常会关注自己在学习中做了什么，以及通过不同的学习方法实现目标的程度。因此，基于数据的学习分析技术在支持学习者自我调节学习行为时，主要包括两个方面的功能：计算和推荐。在计算方面，学习分析可以采用自动化或者算法驱动的方式，对采集到的学习数据进行计算与分析，再以量化与可视化的形式反馈给学习者，从而为学习者进行自我调节提供依据。具体而言，反馈到学习者身上的数据可以是学习者的基本信息（如以前的学习成就、课外学习时间、家庭条件）、学习者的特征（如拖延的倾向、互动的人数）或学习环境的整体情况（如在线学习的观看人数）。例如，Mutahi 等人研发的认知学习伴侣系统旨在跟踪学习者的学习参与指标和学习进程，汇总和分析仪器化学习环境中传感器获取的数据，以反馈学习者的自身认知和情感状态。在推荐方面，学习分析可以通过推荐来帮助学习者实现自我调节。例如，学习分析技术可以基于学习者模型推荐个性化与自适应的学习内容或资源，以更好地改善学习。例如，Hung 等（2017）根据学习者的在线学习指标，使用了时间序列聚类方法来预测和识别在线课程中的风险学生（在学习中面临困难的学生），从而为高风险学生提供自适应的学习资源推荐，帮助他们巩固薄弱的知识点，提高课程通过率。此外，Machado 和 Boyer（2021）在研究中发现，协作过滤算法和基于内容的算法可以通过结合学生的成绩数据及学生对“配对”资源的偏好，来为他们推荐个性化的学习路径。总体而言，在自我调节学习理论的指导下，学习分析技术可以通过计算和推荐的方式，帮助学习者在学习过程中进行自我监测和调节。

虽然学习分析技术的出现为学习者提供了自我调节学习的机会，但学习者仍然要明确其学习主体身份，决定自己是否进行学习调节及如何调节学习。自我调节学习理论强调学习者在学习过程中的主动性，而学习分析技术只是提供辅助性的学习数据分析及反馈，学习者需要发挥其自身的主观能动性，从而判断和使用学习分析中的信息对学习进行调节。在学习过程中，学习者应该明确学习目标，并主动承担学习责任，根据学习分析技术的指导和反馈，积极调节学习。同时，在教学过程中，教师和研究者应该在合适的时机将学习分析内容反馈给学生，支持并引导他们开展自我调节的学习活动并提高学习质量和效果。学生进行自我调节的同时，也不能过度依赖学习分析技术，而是要逐步提升自身的元认知水平，培养自我调节的意识和能力。

第三节　社会建构主义理论

社会建构主义（Socio-constructivism）理论从社会文化的视角理解学习是如何发生的。该理论认为一种社会现象从产生现象到成为一个“问题”需要经过复杂的社会建构过程，期间会受到社会要素（他人或环境）的影响。其中，心理学家皮亚杰认为，学习者认知结构的产生是与环境相互作用的结果。他强调个体掌握知识的途径在与他人的交互作用中产生，在这个过程中，同伴可能为学习者体验认知差异和认知冲突提供机会。此外，让具有一定发展水平的个体加入到社会互动活动中，会帮助其发展个体认知状态。心理学家维果茨基也提出“最近发展区”概念，即个体在解决问题过程中的实际发展水平，与其在他人指导下或与他人协作活动过程中解决问题的潜在发展潜力之间的差距。他认为，个体认知发展的途径是良好的社会活动，个体以已有知识为基础，并在自己不能独立解决问题时寻求帮助，从而在最近发展区中实现学习和发展。总体而言，社会建构主义认为在知识建构的过程中，个体间交互活动优于个体的独自活动，因此，该理论更关注社会活动如何促进个体认知发展。

学习分析的新分支——协作学习分析，是社会建构主义理论和学习分析相结合的典型例子，关注学习过程中的社会与环境因素。相比于学习分析的其他分支，协作学习分析更关注计算机支持的协作学习，致力于解释、诊断和促进学习者的协作学习过程，并提倡整合协作学习与学习分析的优势。一方面，计算机支持的协作学习对学习结构的定义及定性和定量的数据分析是稳健和成熟的；另一方面，学习分析是从数据科学和分析中崛起的，分析基于大量机器生成的数据，在方法上具有很强的实操性和创新性。将这些优势结合在一起，就有可能探究复杂的高阶数据特征，表征有意义的学习结构。例如，Suthers 等（2010）通过分析学生在在线论坛讨论中的时间接近性、语义相关性、题词相似性及空间组织表征的偶然性，来探究学习者是如何吸收和提取他人观点的。Lee 和 Tan（2017）分析学生在知识论坛发布的帖子中关键词的相关度变化（体现在中介中心性指标），探究群体如何建立和传播一种观点。Liu 等学者结合社会网络分析与认知网络分析的方法，探究学习者在异步在线论坛中的社会和认知交互情况，从而了解协作学习是如何发生的。总体而言，社会建构主义与学习分析结合产生了协作学习分析，协作中的群体学习行为逐渐得到重视，进一步丰富了学习分析的内涵。

社会建构主义指导下的教学实践和应用，强调学习过程中的社会性和文化性。因此，该范式下的学习分析主要发生于协作学习环境之中，以学生团体或者学生小组为单位进行相关的学习分析和探究。在协作学习中，具有不同文化背景和先验知识水平的学习者参与到学习过程中，集体对知识进行意义建构。因此，群体中的认知过程比在个体学习中更为复杂，主要表现为在协作学习过程中，学习者的学习效果不仅取决于自身因素，还会受到其他学习者及群体的影响。如何反映协作学习中的群体认知发展过程，是学习分析面临的一个挑战。研究者在具体协作学习分析中，需要更加关注协作学习发生的过程性、动态性和协同性，通过探究群体协作模式，更进一步地了解学习是如何在社会与群体中发生和变化的。

第四节 联通主义理论

联通主义（Connectivism）学习理论是在互联网支持、知识更新速度日益加剧背景下萌生的重要学习理论之一。Siemes（2005）在2005年提出该理论，他从一个全新的视角提出了开放、复杂、快速变化、信息大爆炸时代学习如何发生的问题。联通主义学习理论强调学习过程中联结的重要性，尤其是随着互联网的发展，所有的认知发生和信息传播都是通过联结展开的。因此，学习者认识世界是通过联结建立知识的过程，对应的方法则是从多个方面评价联结。总体而言，根据联通主义学习理论的观点，个体和社会都具有网络特性，而知识的传播和发展是一种网络现象。

在联通主义视角下，学习分析中的社会网络分析法经常用于分析个人、群体、信息之间的交互行为，以揭示实体间联系的特征及这些联系对教学和学习的影响。相较于探讨学习者个体的学习行为和轨迹，社会网络分析更多的是从联通主义的视角去探究学习者在群体中不同类型的关系联结，如友谊关系、行为互动或信息分享关系等。例如，Ouyang（2021）使用三种社会网络分析方法探究在计算机支持的协作学习中，学生在论坛讨论中存在的知识分享和社会交互关系。冷姜桃和陈斌（2020）基于社会网络分析的方法，通过网络基本属性、中心度、凝聚子群三个指标来探究学习者在线学习中的交互行为。梁云真等（2016）基于社会网络分析的视角，结合内容分析与行为序列分析等多种方法，分析学习者在线交互时产生的系统日志、帖子内容等数据，以探究在线学习中的网络学习空间特征。总体而言，在联通主义学习理论的指导下，社会网络分析技术可以用于实践研究中，以探究在线学习中的学习传播和交互特征。

由于联通主义学习理论强调信息和知识通过网络联结与传播的特性，其教学实践和研究主要基于在线环境，特别是MOOC（大规模在线课程）或者SPOC（小规模在线课程）。对于联通主义范式下的学习分析，研究者需要关注认知和学习在互联网及社交网络中生成和发展的过程，从而精确地使用学习分析技术以捕捉网络中知识和信息传播的动态性。此外，联通主义理论的成立还存在一个前提假设——学习者具有参与联通主义学习的能力，他们能通过网络传递信息，同时能辨别信息的有效性和有用性。最近出现的复杂网络技术，在联通主义的基础上更加强调网络的复杂性，旨在揭示隐藏在复杂网络背后的深层次规律，呈现个体及个体之间在整个网络之中空间与时间上的变化趋势。互联网作为新的信息空间，让学习过程变成了一个复杂的网络现象，传统的、线性的理论和方法难以解释这种复杂现象背后教与学的规律，因此，复杂网络技术的出现及其在教育领域中的应用，能进一步帮助研究者探究复杂的网络学习过程背后的规律和本质。此外，在基于联通主义的教学实践与学习分析中，研究者需要了解学习者的受教育水平、先验知识水平及技术接受度等因素，综合考虑这些因素是否会影响他们使用网络进行学习的过程。

第五节　人本主义学习理论

人本主义（Humanism）学习理论源于20世纪中后期的美国，其创始人为马斯洛和罗杰斯。人本主义学习理论认为学习不是机械的刺激和反应之间的联结总和，而是个人对知觉的解释过程。因此，具有不同经验的两个人在知觉同一事物时，往往会出现不一致的反应。相比起行为主义和建构主义的学习理论，人本主义学习理论反对将学习者视为同样的个体，更重视学习者的内心世界，及他们在教学过程中的认知、情感、兴趣、动机、潜在智能等内部心理变化。此外，人本主义不主张学生的行为依赖于现在或过去的环境和刺激，而认为学生的自我实现和为达到目的而进行创造的能力才是他们行为的决定因素，个人所处的物质、社会和文化环境只能促进或阻碍学生潜能的实现。总体而言，人本主义学习理论主张设身处地为学生着想，使学生感受到学习的乐趣，从而全身心地投入到学习中。

基于人本主义学习理论，学习分析技术除了关注学习过程中的认知和行为模式，也越来越重视学习者的内在心理特征及心理变化过程，如他们在学习过程中的情绪反应及心理状态等。一方面，基于人本主义学习理论中“以人为本”的理念，学习分析技术不仅关注学习数据提取、分析的有效性和精确性，也逐渐关注学习反馈中的社会性和情感性。例如，考虑到学习者的个人感受，实施具体措施包括教育者在将学习分析数据反馈给学习者时，应该对个体隐私数据信息进行隐藏或者模糊处理。此外，在学习反馈表单中，除了数字和图表之外，也应该增加更多人性化的鼓励话语（如“你仍需努力”“这次不错，下次请保持”等），以真正实现人本主义导向的学习分析。另一方面，目前学习分析技术的发展为实时捕捉和了解学习者个体在学习过程中的心理、情感状态提供了新的可能。例如，多模态学习分析可以通过心脏速率监视器、视觉跟踪器、面部特征提取等多种先进的学习分析技术和方法，识别和判断学习者在学习过程中的心跳速率、面部表情、专注时间等身体活动数据，反映其内在心理特征，实现从人本主义的视角了解学习者在学习中的情感体验。此外，基于学习情绪建模的研究能够进一步地探究和分析学习者情感状态对学习积极性和学习进展的影响，从而帮助教育者更好地了解学习者的心理特征是如何影响学习的。例如，Schneider 和 Pea（2015）通过分析学生在同一时间注视同一事物的时长来检测学生共同学习时的专注度，从而探究他们的专注度如何影响学习效果。Ammar 等（2010）使用情感计算模型来分析学生的面部表情并监测他们的行为，以促进在线学习中的学生—学生互动。Yang 等（2019）分析学习者的身体运动、声音、文字、眼动及生理信号信息，对在线协同学习中的情感交互进行探究，提出了一种结合逻辑功能的多模态情感计算模型。总体而言，人本主义学习理论影响下的学习分析强调了对学习者个人情感体验的关注，弥补了传统学习分析领域中忽视学习情感的缺陷。

人本主义学习理论下的学习分析打破了以往学习分析研究中对认知的过度关注，重视对学习者内在心理世界的理解，通过顺应学生的兴趣、需要及个体差异，达到开发学生潜能、激起认知与情感链接等作用。在这个层面上，人本主义学习理论具有重要意义，其重点关注的并非学习者的学习成效，而是学习者的学习体验，为学习分析增加了更多教育及人文关怀。然而，人本主义学习理论指导下的学习分析在具体的实践和分析过程中面临的挑战是，如何识别和表征学生隐藏的内在心理特征，以及提高识别的准确度。例如，微笑的表情是否能表示学习者情感上的快乐，仍然是一个存在争议的问题。同时，通过摄像头等方式提取学习者私密性的内在心理特征，还涉及个人隐私与道德伦理的问题。因此，如何解决实践中的技术和人伦问题，是人本主义学习理论指导下的学习分析未来发展的关键所在。

第六节 复杂系统理论

不同于传统的学习理论，复杂系统理论（Complex Systems Theory）并非诞生于教育领域中，它最初起源于生物学领域，是关于系统为了生存而进化、适应和发展的理论，强调系统是一个复杂的实体，它的发展来自微观主体之间的相互作用。当这一概念应用于教育领域时，教与学的过程可以被视为一个复杂、自组织、自我更新迭代的系统，是教与学过程中的个体、群体、技术、环境等各个部分相互依存、互动的结果。在复杂系统理论中，学习者被理解为具有适应性的主体，他们在学习发生的过程中持续不断地与周围的学习要素发生交互，不断地学习并积累经验，并且根据学习到的经验改变学习结构和行为方式。整个学习过程的演变或进化，包括新层次的涌现、多样性的出现、系统的迭代更新等，都是在学习者不断适应、改变自身学习的过程中演化出来的。因此，在复杂系统理论中，学习的发生被理解为一个动态协调与变化的过程。复杂理论的出现打破了传统的教育研究范式，如因果模型、线性可预测性和还原论，强调使用有机的、非线性和整体的方法来理解非线性、动态的学习演变过程。

由于复杂系统理论强调学习过程的动态性和复杂性，仅仅关注学习的一个维度或视角可能会导致测量和分析结论的不全面。因此，学习分析目前越来越提倡收集多模态数据（例如话语、行为、生理、表征数据）以研究复杂的教育现象和问题，并使用多模态学习分析，通过整合算法建模等方法，来更深入、全面地了解学习的复杂过程。例如，Khan（2017）提出了一种分层计算方法来分析多模态数据（包括音频、视频和活动日志文件），并在学习过程中建模与表征学生动态的行为模式。Wiltshire 等（2019）使用生长曲线模型来研究学生的多尺度运动协调（如语音、手势、鼠标和键盘运动）在协作问题解决期间的变化。Gorman 等（2020）整合多种计算和定量模型（包括离散递归、非线性预测算法、平均互信息）检测协同训练过程中群体通信重组模式的实时变化。总体而言，复杂系统理论指导下的学习分析是一种全新的范式，更提倡通过多模态学习分析、整合算法、建模等方法来探究学习发生的复杂过程。

不同于其他学习分析技术，复杂系统理论指导下的学习分析不是聚焦于学习的某一个方面，而是提倡以更加全面的视角去理解和分析整个学习过程，包括学习者的认知、元认知、情感等多个方面及学习者与自身、与他人、与信息之间的动态关系。因此，复杂系统理论强调整合多种学习分析方法，从多个视角去分析与解释学习者的学习，从而尽可能地还原学习发生的复杂过程。此外，由于复杂系统理论强调学习过程的复杂性和动态性，在学习分析和教育数据挖掘中整合基于算法的方法可以更好地处理复杂的非线性信息，提取并表征学习过程中的多层次、多维度等特征。因此，相较于传统的学习分析技术（如内容分析、社会网络分析等），复杂系统理论视角下的学习分析及教育数据挖掘技术（如复杂网络建模、多元递归量化分析）可能成为未来教育教学领域的数据分析发展趋势。

本章小结

本章介绍了自我调节学习理论、社会建构主义理论、联通主义理论、人本主义学习理论、复杂系统理论等不同学习理论与学习分析的关系，阐述了这些学习理论是如何指导学习分析领域中的教学实践和实证研究的。根据本章中对学习理论与学习分析技术、实践关系的介绍，读者可以深入了解学习及教学理论在学习分析领域中的重要性。未来学习分析仍然需要基于理论的指导开展具体的教学实践，并且通过结合以数据为导向的分析方法同与学习及教学相关的概念或理论框架，来解决具体教学中的问题，同时完善相关学习教学理论框架。此外，学习分析领域本身是否可发展其特有的理论也是教育技术从业人员一直在思考和辩论的问题。本书对此问题未展开进一步讨论，留给读者自行思考。

思考

1. 哪些学习理论与学习分析密切相关？它们分别是什么？

2. 请简要叙述社会建构主义理论、联通主义理论和复杂系统理论对学习分析的指导意义。

3. 利用不同的学习理论指导学习分析实践和研究时，需要注意哪些因素？这些因素间有何差别？

CHAPTER 3

第三章 学习分析方法

本章介绍学习分析的具体方法，包括社会网络分析、内容分析、话语分析、时序分析、事件序列分析、过程挖掘、认知网络分析、多模态学习分析和协作学习分析。学习分析方法是指采集与学习活动相关的学习者数据，并运用多种方法和工具全方位解读数据，记录、分析学习环境和学习轨迹，进而发现学习规律，预测学习结果，为学习者提供相应的学习策略，促进有效学习。社会网络分析主要分析实体间关系及这些关系对教学和学习的影响，用图形表示实体及它们之间的关系，除了单模网络，还可以根据需求进一步衍生出双模和三模网络。内容分析可对学习资源内容、学生作品内容及学生社交互动的内容展开分析，并常与其他分析方法结合使用。话语分析基于学习者谈话交流数据，多采用定性分析及扎根理论，研究话语内容与情境之间的关系，并且侧重于分析话语意义的变化过程。时序分析、事件序列分析和过程挖掘方法可以从时间性的角度探究学习过程，但是关注点各不相同。时序分析重视学习随时间轴发展的变化；事件序列分析重视学习过程中的关键事件；过程挖掘重视过程性的学习模式转换。认知网络分析是社会网络分析的进阶方法，在考察学生社会互动的基础上，纳入对学生认知的关注。多模态学习分析则全面地考虑了学习中不同模态的学习数据，综合性地理解学习过程及成果。协作学习分析开辟了一种独特的学习分析视角，并非关注学生个体的学习表现，而是把协作小组视为分析单元，关注协作学习中群体层面的学习状态。我们鼓励读者在掌握以上学习分析方法的基础上能够综合运用多种分析方法开展相关教学实践及研究。

第一节　学习分析基本周期及过程

Clow（2012）指出学习分析周期包括四个阶段，分别涉及学习者、相关数据、分析指标和干预措施（如图 3-1）。学习分析周期的第一步从学习者开始，学习者可以是在传统教育环境下学习的学生或在慕课等非正式学习环境下学习的学生。第二步是生成和捕获学习者学习的相关数据，如学生的人口统计学信息、在线活动数据、评估数据等。第三步是将这些数据处理成可操作的指标，这个阶段需要深入分析学习过程，如可以通过学习分析仪表盘可视化学生在在线论坛活动中的学习参与度或学生与学生之间的交互情况。第四步是采取干预措施，如可以将学习分析结果呈现给学生并促进个体反思，也可以将结果呈现给教师以帮助其对存在学习失败风险的学生采取干预措施。

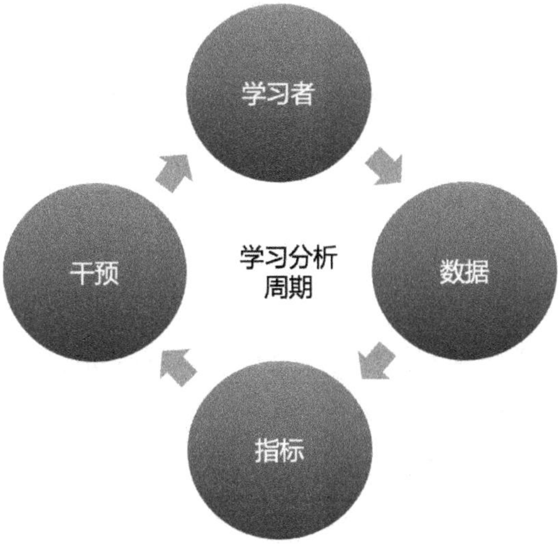

图 3-1　学习分析周期

学习分析领域的实证研究主要存在四种类型，分别是以教学为导向的研究、学习情境化、在线学习及教育资源处理。以教学为导向的研究（如学生建模、成绩预测、评估及反馈、反思及意识）集中于从教学维度收集学生信息及数据并对其进行分析研究，以揭示学生的学习质量及学习过程等。学习情境化（如多模态、移动性等）研究侧重从学习环境中收集数据，将学习定位于特定学习条件和属性下，探究特定学习情境。在线学习（如慕课、社交媒体平台等）研究试图了解学习在社会参与方面的特征，主要关注学习者参与度、学习者之间的互动、学习者与学习内容之间的互动等。教育资源处理类研究运用算法从数据库中筛选和推荐教育资源，对学生或学生群体提供资源推荐建议。学习分析主要的分析方法和技术包括社会网络分析、内容分析、话语分析、时序分析、事件序列分析、过程挖掘、认知网络分析及协作学习分析等，下面对其依次进行阐述及讲解。

第二节　社会网络分析

社会网络分析（Social Network Analysis，SNA）是分析实体间关系及这些关系对教学和学习的影响的方法。社会网络用图形表示实体及它们之间的关系，不同大小的节点表示实体，连线表示实体之间的关系，具有不同强度和方向。社会网络可以是包含同类型节点的单模式网络，可以是包含两种不同类型节点的双模式网络，甚至是包含多种类型节点的多模式网络。单模式网络用于分析学习者之间或学习内容之间的交互关系；双模式网络可用于分析学习者和学习内容的交互情况或学习者和学习活动之间的交互情况；多模式网络分析涉及的实体及其关系较为复杂，此处不作过多阐述。

社会网络分析可以通过使用现有的应用软件、R 语言、Python 等实现。常用的社会网络分析应用软件有 NetMiner、Pajek、UCINET，其中 UCINET 是较为流行的社会网络分析软件，提供了数据管理和转化功能，能够处理的原始数据为矩阵格式，也可将数据和处理结果输出至 NetDraw、Pajek、Mage 和

KrackPlot 等软件作图。除现有软件之外，读者还可使用 R 语言进行数据处理和绘制网络可视图，数据处理主要用到 SNA 包，详细的内容请参照 SNA 文档（https://cran.r–project.org/web/packages/sna/sna.pdf），可视化网络图主要用到 Visnetwork 包或 Network 包，详细的内容请参考 Visnetwork 文档（https://cran.r–project.org/web/packages/visNetwork/visNetwork.pdf）或 Network 文档（https://cran.r–project.org/web/packages/network/vignettes/networkVignette.pdf）。此外，读者也可使用 Python 中的 Networkx 包绘制社会关系网络图，详细的内容请参考官方文档（https://networkx.org/documentation/stable/index.html）。

社会网络分析提供节点层面和网络层面的度量方法来描述实体之间的关系和网络属性。在节点层面，主要包括度、中介中心度、接近中心度等指标。度表示参与者在网络中拥有的连接总数，包括入度和出度，分别表示指向或指出参与者的连接总数；中介中心度用于反映参与者如何在两个参与者之间扮演中介者的角色；接近中心度用于解释一个参与者与其他参与者之间的平均距离（距离以最短路径衡量），包括入接近中心度和出接近中心度，分别表示参与者接收和传播信息的效率。在网络层面，主要包括“密度”“平均路径长度”“互惠性和传递性”“集中性”和“网络凝聚性”这五个指标。密度是网络中实际关系数与网络中所有可能关系数的比率，密度越大，群体之间的交互性越强；平均路径长度是网络中所有可能节点之间最短路径的平均值；互惠性和传递性代表参与者在网络中的连接水平；集中性可以说明网络的分布特征，范围从 0（最均匀分布的网络）到 1（最集中的网络）；网络凝聚性可以用连通性和 Opsahl 的全局聚类系数表示，取值范围为 0 到 1，值越大表示网络凝聚性越强。

综述应用社会网络分析的计算机支持的协作学习研究结果后发现，社会网络分析可在认知、元认知、社会和动机方面检查学习者的学习结果。Siqin 等（2015）利用社会网络分析研究本科生小组协作，结果表明学生的中介中心度与其协作期间知识的获取相关。Cho 等（2007）的研究表明在网络中与更多成员建立密切关系的学生通常会取得更好的期末成绩。此外，学生的出度中心性与教师的支持呈负相关，表明如果学生从教师处获得较多支持，他们就很难与同伴进行互动，而出度较高的学生往往能取得更好的成绩。此外，社会网络分析还可用于探究在线学习过程中学生或教师的参与角色变化过程。例如，Ouyang 和 Chang（2019）通过社会网络分析探究了学生在协作中的角色与社会参与水平之间的关系。研究结果发现，一些学生在担任领导者角色，如讨论设计者和促进者时，会从边缘参与转变为积极参与。Ouyang 和 Scharber（2017）利用社会网络分析来分析教师对讨论的设计与促进如何影响在线学习共同体的发展，研究结果表明，学生逐渐形成了一个互动式的在线学习共同体。总体来看，教师扮演一个促进者的角色，但在不同的讨论和时间阶段中，教师的角色有所不同，如在课程开始阶段扮演指导者角色，在课程中间阶段主要在不同小组讨论中扮演调解者、观察者或合作者，在课程的后期主要扮演观察者。综上所述，社会网络分析适用于对师生之间、学习者之间及学习者和参与活动或资源之间的社会网络进行可视化，掌握学习者的学习参与度和师生的合作关系，可以帮助教师识别处于边缘的学生并采取干预措施，帮助学生提升学习效果。

目前大多数研究主要使用单模社会网络，较少研究采用双模社会网络探究学习者与学习资源或讨论活动之间的交互 。未来研究可将社会网络分析扩展至三模或多模网络分析，以探究多种形式的交互及其对学习和教学的影响。此外，时间元素在社会网络分析中也常被忽视，未来研究需进一步探究互动的时间变化模式，以评估学生的社会交互网络如何随时间演变。

第三节　内容分析

内容分析（Content Analysis，CA），原为社会科学家借用自然科学分析历史文献内容的定量分析的科学方法，后来在教育等各个领域中得以应用和发展。在教育领域中，内容分析法是一种基于交流内容（文本、音频、视频）做客观系统定量分析的研究方法。该方法以定性研究为基础，并结合定量研究，分析能够反映文本内容本质的特征，并将其转化为定量数据进行进一步统计分析或其他形式的自动化分析。内容分析侧重于分析不同形式的教学内容，包括由教师产生的课件、文档、讲座、录音，由出版商产出的教科书，或由学生产出的论文、讨论信息等各种形式的数据，是一种用于检查、评估、检索、过滤、推荐和可视化不同形式学习内容的方法，其目标是理解学习活动并改进教育实践和教学研究。内容分析法的核心是对文本中的单词、主题和概念进行分类或编码，主要操作步骤为：（1）确定分析的单元；（2）开发编码体系或者采用前人开发的编码体系；（3）对内容进行编码；（4）分析编码的信度；（5）进行数据统计。内容分析的对象主要包括学习资源、学生作品、学生社交互动。

一、对学习资源的内容分析

内容分析可用于评估学习资源的质量，如 Coh-metrix 工具可用于分析教材内容的一致性，评估教科书的质量。内容分析还可与文本聚类 、神经网络分类器和协作标签等技术结合，实现对学习资源的自动分组和标注。内容分析也可应用于学习资源推荐系统之中，如内容分析与协同过滤技术结合，可实现基于用户的推荐和基于内容的推荐两种类型的推荐。例如，Walker 等（2004）提出了一个 Altered Vista 推荐系统，该系统采用协同过滤技术为学生推荐有质量的网络资源。Romero Zaldivar 等（2011）根据学生在课程中的文件浏览记录，为其推荐最相关的学习资源。Hosseini 和 Brusilovsky（2017）根据编程学习者的学习能力和学习目标为他们推荐恰当的学习资源。

二、对学生作品的内容分析

分析学生作品（如论文）是内容分析最早的应用领域之一，具体采用的技术包括潜在语义分析技术、基于图形的可视化技术、自然语言处理等。潜在语义分析技术可用于自动评阅论文，该方法通过分析文章中单词的共现关系来判断两个文本间语义的相似性，进而评估学生论文的质量。另一种评估学生论文常用的技术是基于图形的可视化技术，该方法也同样基于文本中单词的共现关系来评估论文质量，此外，还可以提炼论文内容。例如，OpenEssayist 系统不仅支持对学生的论文进行内容分析并为学生生成可视化反馈，还可以帮助学生实现论文不同部分之间的关系的可视化，指导学生撰写逻辑缜密、结构合理的高质量论文，实证研究结果证明，该系统有助于提高学生的论文成绩 。此外，自然语言处理（Natural Language Processing，NLP）技术可用于帮助学生改进论文的语法和修辞。例如，XIP Dashboard 采用自然语言处理技术处理论文并通过可视化仪表盘生成图表，辅助评估论文质量。除了评估学生论文，内容分析技术还可用于答案分析。例如，Dzikovska 等学者开发了一种自适应反馈系统，可基于学生提供的答案内容，并结合语境为学生生成及时反馈。Leeman-Munk 等（2014）开发了一种叫作“WriteEval”的评估系统，该系统混合采用文本相似性技术与语义分析技术分析学生提交的答案，以判断学生的科学学习能力并提供反馈和指导。

三、对学生社交互动的内容分析

随着社会建构主义理论的兴起，越来越多的研究开始将内容分析应用于探究社会互动在知识建构中的作用，分析学生在社交互动过程中的认知发展情况。例如，McKlin（2004）基于探究社区模型（Community of Inquiry，CoI）框架和人工神经网络开发了一个分类系统，该系统通过自动编码学生的讨论内容以检测学生的认知参与水平。Corich 等（2016）使用贝叶斯网络分析学生在在线论坛中的认知发展过程和学生的批判性思维能力。Joksimović 等（2014）基于语言探究和字数统计（Linguistic Inquiry and Word Count，LIWC）框架和 CoI 框架对学生的在线讨论记录进行自动语言分析，从而确定认知探究每个阶段的特征。内容分析还可用于评估学生学习过程中的参与度。例如，Ramesh 等（2013）基于论坛发帖、论坛互动、作业提交等学习日志数据探究了学生在慕课学习环境下的参与情况。Wen 等（2014）对慕课在线讨论进行了学生情绪分析，并揭示了负面情绪与退课之间存在强关联。Vega 等

（2013）开发了一个可检测学生参与度的内容分析系统，该系统通过文本复杂性来衡量参与度，可成功用于监测学生的学习动机和实时参与情况。

内容分析领域未来的研究趋势主要有以下两个方面：首先，内容分析需要与其他分析技术结合使用，从更多维度探究教学及学习特征，如话语分析、过程挖掘、社交网络分析、可视化学习分析、多模态学习分析等；其次，内容分析系统的开发需基于现有的教学理论框架，以提升系统的可用性，同时更准确地理解学习过程并做出改进。

第四节　话语分析

话语分析（Discourse Analysis，DA）认为话语是交流的主要媒介，是在社会团体、机构和文化中支持社会活动、身份和关系的工具。话语分析的数据主要包括在自然学习环境下产生的口头和书面数据。与内容分析的方法不同，话语分析通常采用定性分析方法，侧重于分析文本和情境之间的关系，关注意义随着时间发展的变化。话语分析的主要步骤为：（1）定义研究问题并选择分析内容；（2）明确话语之间的联系；（3）分析语篇内容；（4）查看结果并得出结论。在实证研究中，话语分析可以为研究提供不同的分析角度，促成形成性和总结性评估，促进动态的教学干预以提高学习成效。话语分析可以用于分析开放式问题的回答、论坛讨论内容及协作过程中学生的交流内容等。例如，Sun 等（2021）探究了小学生在结对编程环境中的对话，研究结果显示，高绩效组的学生话语认知程度高于低绩效组。Park 等（2015）使用话语分析探究了教师对学生协作话语的影响。研究表明，在教师的支持下，学生能够通过共同构建新想法、挑战和采纳彼此的想法来推进协作活动，从而产生更多的探索性谈话。

下面简要介绍一个采用话语分析的实证案例。本案例来自 Park 等学者 2015 年发表于 *Computers & Education* 的论文“Does it matter if the teacher is there: A teacher's contribution to emerging patterns of interactions in online classroom discussions”。该研究采用话语分析探究教师是否在场对学生参与在线讨论的影响。研究收集了 20 份在线讨论记录，根据学生的讨论记录制作了话语移动连续图。之后确定话语的编码框架，包含讨论管理（discussion manager）、主题命名（topic namer）、主题转换（topic switcher）等 12 个编码，然后根据编码框架对所有话语数据进行编码，编码完成之后，将编码标注到话语移动连续图中对应的说话者方框中，例如，Bonnie 的话语编码为 5a，Donna 的话语编码为 8，Frank 的话语编码为 5a。话语分析结果显示，教师在场对学生在线讨论参与度有一定影响，但大多数学生在有或没有老师的情况下发布的帖子数量相近。在 10 个讨论中的 55 个主题里面，Donna 发起了 25 个讨论线程，学生发起了 30 个。老师发出的内容大多为编码 1，而学生发出的内容会涉及更多其他话语类型，例如编码“6.knowledge provider”“4.topic switcher”“5a.clarification seeking”“5b.clarification responding”。此外，教师和学生对评论的反应有较大的差异，例如老师可能会在编码为“6.knowledge provider”的帖子回复中收到编码为“ 6.knowledge provider”的内容，而学生更有可能发布收到编码为“7.cheerleader & supporter”的回复。

话语分析能够从更微观、更细粒度的层面去揭示话语内容的演化路径，进而更深入地理解学生的学习过程。未来话语分析可与人工智能技术相结合，如使用监督机器学习或无监督机器学习方式实现话语分析自动化，从而使其从事后分析过渡到实时反馈范畴。

第五节　时序分析

时序分析（Temporal Analytics，TA）侧重从时间角度对事件的发展展开描述和解释。研究者认为仅基于编码和计数的分析忽略了数据的时间性，且无法准确分析学习活动的变化模式。例如，在协作学习期间，学习者经常会提出问题和需求，从而产生学生之间及学生与学习内容之间的互动。然而仅计算学习者提出问题或使用学习资源的频率，无法帮助我们了解学习者在某一段时间内是否将问题与学习内容紧密联系。此外，随着日益复杂的技术产生越来越多细粒度的时态数据，人们对时序分析的兴趣和需求日益增加，对学习进行精确识别、测量和分析的时序分析逐渐得到重视。

计算机支持的协作学习研究中已有一些工具被用于挖掘数据中的时序模式。例如，CORDTRA 分析工具支持研究人员对学习过程展开形成性评价，CORDTRA 的结果图支持多个学习进程在同一时间轴上并行绘制（如图 3-2），可直观地呈现不同活动如何随着时间发生及不同活动之间的关系。图中横轴代表时间信息，如话语轮次、以秒为单位的时间等；纵轴代表不同的数据类型，每种类型都有一个对应的形状，自下而上来看，“✧”用于表示访问超媒体，“○”用于表示产生想法，“□”用于表示协调理论，“△”用于表示咨询指导。通过这样的图表能够明显地看出哪种类型的数据出现的次数更多或不同的时间段哪种类型的数据出现得较为集中。

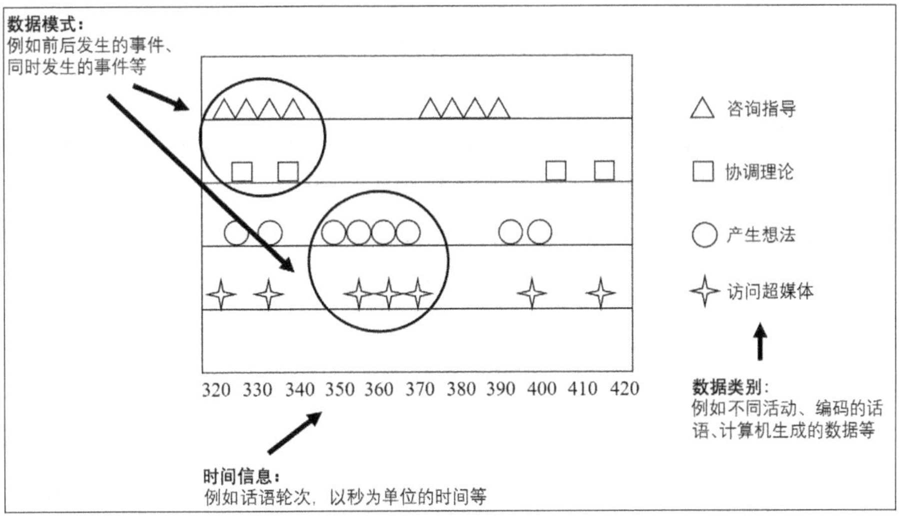

图 3-2　CORDTRA 结果

时序分析可利用多种类型数据，如音频、视频、点击流、测验成绩等。例如，Sun 等（2021）采用时序分析探究结对编程中不同学习成绩的学生在协作过程中的特征，该研究收集了电脑录屏、音频和测验成绩等数据并进行了时序分析，研究结果发现成绩排名靠前的学生具有高度互动性、社会支持性和目标导向性的特征，排名中等的学生具有高度互动性、社会支持性和过程导向性的特征，而排名靠后的学生具有缺乏互动、缺乏社交支持和编程分心的特征。该研究揭示了协作行为和话语间的复杂关系，对深入了解学生的结对编程特征和提升教学效果具有重要意义。

虽然测量时间的精确度更高有利于对教育关系进行更精细的规划、监控和控制，但我们更需要考虑时间分析的理论内涵及它们可能影响学习活动的方式，并将其作为学习分析的一部分。因此，我们需要考虑以下几个问题：（1）什么是关键的学习结构，如何概念化时间？（2）如何观察学习结构，其在数据中是如何表示的？（3）如何分析理论化学习构念的时间特征？（4）学习分析向谁及如何提供可能影响学习过程的时间洞察力？未来学习分析需将学习结构中的时间性理论化，并阐明其在数据收集和分析中的地位。

第六节　事件序列分析

事件序列分析（Event Sequences Analysis，ESA）是用于识别行为或事件序列中的连续事件或交叉依赖关系的方法。事件序列分析支持研究人员检查某个编码行为的序列与另一个行为序列之间的关系是否具有统计学意义，也支持推断学生整体讨论的进程。对于在线学习，事件序列分析可以用于展示学生们在讨论完某个内容后会接着讨论什么内容，两者前后的连续关系是否显著，学生的讨论过程呈现出什么样的顺序模式。事件序列分析其中一个主要方法是滞后序列分析（Lag Sequence Analysis，LSA），R 软件中的 LagSeq 包可用于滞后序列分析，分析结果主要包括：（1）所有编码之间的过渡频率——特定顺序间隔内发生特定过渡的频率；（2）预期的过渡频率——在独立的零假设或代码之间没有关系的情况下发生转变的预期次数；（3）过渡概率——一个条件概率，如给定事件 A，发生事件 B 的可能性；（4）调整残差——表示特定过渡显著性的 Z 值；（5）Yule 的 Q——标准化度量，范围

从 -1 到 +1。另一种事件序列分析方法是频繁序列挖掘（Frequent Sequence Mining，FSM）。频繁序列挖掘也称顺序模式挖掘，是频繁模式挖掘的一个子领域。与滞后序列分析类似，频繁序列挖掘可用于发现事件之间的顺序模式。与滞后序列分析不同的是，频繁序列挖掘用于检查频繁发生的事件模式，其发生频率高于数据集中的最小频率水平。R 软件中的 arulesSequence 包可用于频繁序列挖掘。

事件序列分析已经在较多实证研究中得到应用并展示了其优势。例如，Su 等人采用滞后顺序分析探究在英语协作阅读过程中不同协作绩效的学生在行为模式上的差异，研究结果发现，高绩效群体对学习的监控更加连续和顺畅，而低绩效群体往往会迷失在“自我调节”或“组织”等单一重复的监管行为模式中。Tsai 等人将眼动分析和滞后序列分析相结合，探究批判性阅读策略分数高的学习者和批判性阅读策略分数低的学习者在阅读过程中视觉传递模式的差异研究。Yang 和 Lu 使用滞后序列分析探究学生在游戏化学习过程中不同类型的反馈和反馈阅读时间对学习效果的影响，研究结果发现，愿意花时间阅读反馈的学生获得了更好的学习效果。Perera 等（2019）使用频繁序列挖掘分析了编程学习中学习者的行为模式。事件序列分析较好地展示了各种行为或话语的转换关系。

下面以具体实证案例展开阐述。本案例来自 Chen 等 2017 年发表于 *Interactive Learning Environments* 的论文：“Two tales of time: uncovering the significance of sequential patterns among contribution types in knowledge-building discourse”。该研究对学习者在知识论坛中进行协作知识建构过程中生成的 1100 条笔记进行了编码，采用的主编码为提问（questioning）、理论化（theorizing）、获取信息（obtaining information）、处理信息（working with information）、综合和类比分析（syntheses and analogies）及支持性讨论（supporting discussion）六类。在编码的基础上进行了频繁序列分析和滞后序列分析。频繁序列分析结果示例见表 4-1，表中的每个线程都被视为一个序列，即 S1、S2、S3、S4，线程中的编码类型是事件。频繁序列挖掘的主要任务是识别当前序列中频繁出现的子序列。例如，在表 3-1 中的四个序列中，序列 <Q，OI> 是 S1、S2、S3 的子序列，其支持度定义为出现频率为 0.75，序列 <Q，T> 是 S1 和 S4 的子序列，其支持度为 0.5。如果支持阈值设置为 0.4，则支持度大于 0.4 的序列为该数据集中的频繁序列。图 3-3 是两类讨论线程中的基本过渡频率可视化结果图。可视化结果表明，高效型线程相比于可改进线程在提问、理论化、获取信息和处理信息中出现了较多的转换。

表 3-1　频繁序列分析数据集示例

序列 Id	序列
S1	<Q, T, T, OI, WI>
S2	<Q, OI, WI>
S3	<Q, OI, OI, WI>
S4	<Q, SD, SD, T>

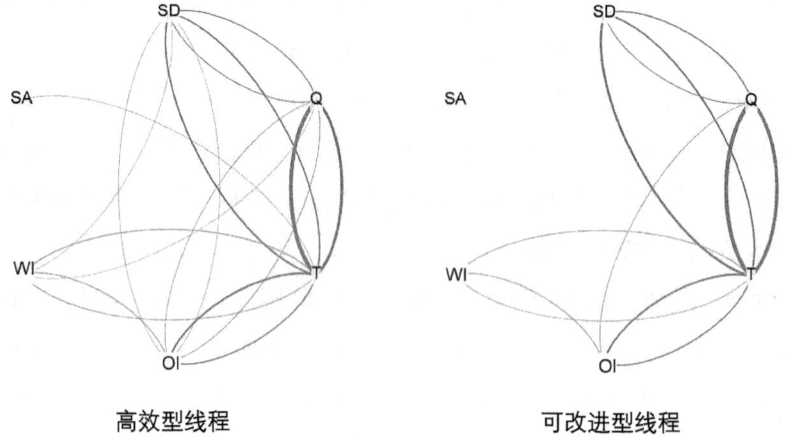

图 3-3　两类讨论线程的过渡频率

注：图的每个节点代表一个编码类型，如 T 表示理论探讨。两个节点之间的联系方向为顺时针，如这两个图都显示了从 WI（处理信息）到 OI（获取信息）方向的转换。

综上，滞后序列分析和频繁序列挖掘是两种不同但互补的事件序列分析方法。首先，它们的基本算法是不同的。滞后序列分析依赖于基本的矩阵计算，而支持频繁序列挖掘的 SPADE 算法本质上是一个搜索和计算频繁序列的过程。频繁序列挖掘在计算顺序模式方面有一定的灵活性，因为它可以计算包含多个事件的序列。其次，两种方法呈现结果的形式也有很大的不同。滞后序列分析可以检查两个事件之间转化的统计显著性，而频繁序列挖掘可以产生多个序列集合的支持度等指标。总体而言，事件序列分析支持从时间角度对事件的发展进行动态分析，有助于将时间维度纳入学习分析，从而发现学习的动态发展规律。

第七节　过程挖掘

过程挖掘（Process Mining，PM）是教育数据挖掘的基本方法之一，可以分析具有时间戳或有序的事件数据，并生成过程模型，全面描述事件过程，也属于一种序列分析方法。过程挖掘重视各种学习事件的动态相互作用，能够对学习环境中的学生行为进行检测和建模，通过分析细粒度的学习行为以了解行为顺序，有利于理解潜在的学习过程，清晰地呈现学习环境中学生的实际学习过程。过程挖掘方法的有效性已经在一些实证研究中得以证明。Schoor 和 Bannert（2012）使用过程挖掘方法探究小组层面的社会调解过程，结果表明过程挖掘方法有助于深入了解学习过程。Bannert 等（2014）利用过程挖掘探究学生学习中的自我调节过程。Sedrakyan 等（2016）将过程挖掘方法应用于研究复杂问题的解决过程，同时探索与学习结果相关的各种学习行为模式。研究结果表明，使用过程挖掘方法对监控和分析认知层面的学习过程非常有益。Vidal 等（2016）使用过程挖掘方法来分析虚拟学习环境（VLE）中学生和教师的行为。

过程挖掘可以通过 R 中的 bupaR 包或 Disco 软件来实现。bupaR 包和 processmapR 包结合使用可构建高度定制化的流程图模型。Disco 软件（https://fluxicon.com/disco/）是一款过程挖掘工具，内嵌了过程挖掘算法，能够处理大型事件日志并生成可视化的流程模型。图 3-4 展示了作者使用过程挖掘方法揭示教师提供支架后的学生实时性反应行为模式的研究。研究数据来自小学 3、4 年级的人工智能社团 9 周课程中的面对面计算机支持的协作学习（Computer Supported Collaborative Learning，CSCL）环境下小组的协作话语、编程操作及课堂行为录像。研究者先对协作话语、编程操作和课堂行为录像进行了编码，编码内容包括小组编程操作（PO）、向教师求助（AA）、小组内讨论（GD）、小组产生社会性冲突（GC）、社会层面支架（SS）、低控制水平认知支架（CS-L）、中等控制水平认知支架（CS-M）、高控制水平认知支架（CS-H）、调节层面支架（MS）、沉默（KSS）、忽略（IGS）、拒绝（RES）、重复（RCS）、提问（AQS）、回应（RPS）及理解（USS）。编码完成后使用 Disco 软件对数据进行过程分析生成过程模型图（见图 3-4）。从图中可以看出，除了小组产生冲突（GC）的情况，其他学习状态（AA、GD、PO）下都产生了教师支架→学生实时性反应→教师支架的循环流程。此外，面对小组不同的学习状态，教师倾向采取低控制水平的认知支架，小组的反应基本上都以重复教师提供的支架结束。

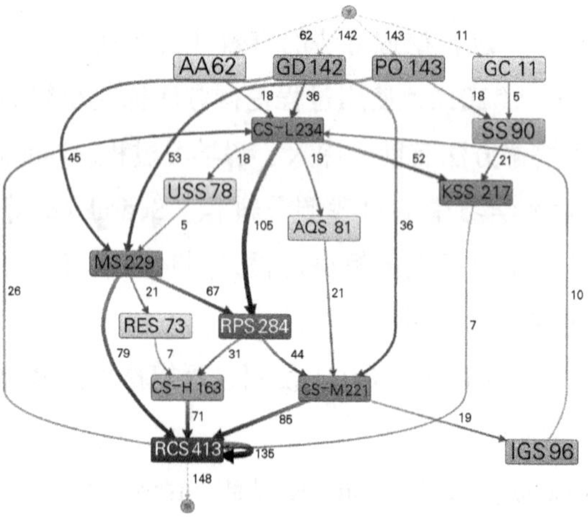

图 3-4　学生学习状态→教师支架→学生实时性反应流程

过程挖掘未来可应用于学习反馈，帮助教师了解课程中的学习如何发生及学生如何开展学习活动，为教师多维度评估学生提供新的方式，为改进学习资源、完善指导方式及提出针对性的建议提供参考依据。

第八节　认知网络分析

认知网络分析法（Epistemic Network Analysis，ENA）是一套识别和测量编码数据中元素之间连接共现性，并在动态网络模型中表征其关系的技术，该技术可对学习者在交互过程中产生的文本数据进行量化分析，并形成动态网络模型以表征学习者的认知结构。认知网络分析法最初的发展是为了模拟认知网络：知识、技能、价值观、思维习惯和其他表征复杂思维的要素之间的联系模式。认知神经科学发现，人类的学习是多个脑区共同参与、协同作用的结果，而学习是建立大脑神经元之间的连接，建构认知网络的过程。认知网络分析目的是对认知网络进行建模，因为学习不仅仅是知识或技能的单独呈现，更重要的是这些知识与能力之间的连接。因此，认知网络分析是一种借助于认知框架理论，对学习者在交互过程中的文本数据进行量化编码，并采用动态网络模型对学习者认知元素间的网络关系进行表征与分析的重要方法。它既可以量化和表征网络中元素间的连接结构及关联强度，也可以表征连接的结构与强度随时间发生的变化情况。此外，认知网络分析还可以实现对个人或群体的复杂认知网络的可视化表征，并直观地将不同的复杂认知网络进行对比，从而了解不同网络间的差异。

认知网络分析可以使用现有平台或 R 软件实现对数据的分析。例如威斯康星教育研究中心与麦迪逊分校合作开发了一个名为“ENA Webkit”的数据分析平台（http://www.epistemicnetwork.org/），该平台具有处理编码数据与建立认知网络两大功能，可对数据进行自动化处理，创建出学习者的认知网络模型，并将结果以可视化的方式表征出来，以便研究者进一步地探索和解释学习现象。除了 ENA Webkit 以外，R 程序包中的 rENA 包也可以用于认知网络分析。rENA 包通过构造邻接向量生成 ENA 模型，主要函数为添加网络（add network）、添加节点（add points）和添加轨迹（add trajectory），该包中的 ena.plot 函数可创建出话语编码数据的认知网络可视化模型（详见 https://cran.r-project.org/web/packages/rENA/index.html）。

下面通过简要介绍一个具体实证案例对ENA进行阐述。本实例来自Ouyang等学者2021年发表于*British Journal of Educational Technology*上的论文："Effect of three network visualizations on students'social-cognitive engagement in online discussions"。研究利用认知网络分析调查领导型、边缘型和普通学生社会认知参与的效果。其中，整体ENA图表明，领导型学生者和普通学生具有相似的认知结构，而边缘型学生与领导型学生和普通学生相差较大，具有不同的认知结构（如图3-5）。接下来，研究对角色的认知结构进行两两比较，以揭示差异的细节（如图3-6）。具体来说，领导型学生比普通学生有更强的Exp- Eli联系；普通学生比领导型学生有更强的Res-Ela联系（如图3-6a）。领导型学生的Res-Exp、Res-Ela和Res-Sha连接更强，而边缘型学生的Sha-Eli连接更强（如图3-6b）。类似地，普通学生的Res-Exp、Res-Ela和Res-Sha连接比边缘型学生更强，而边缘型学生的Sha-Eli连接更强（如图3-6c）。总的来说，领导型学生和普通学生具有相似认知结构，他们倾向于在回应同伴时表达和阐述观点，而边缘型学生倾向于在分享信息的同时进一步引发同伴的回应。

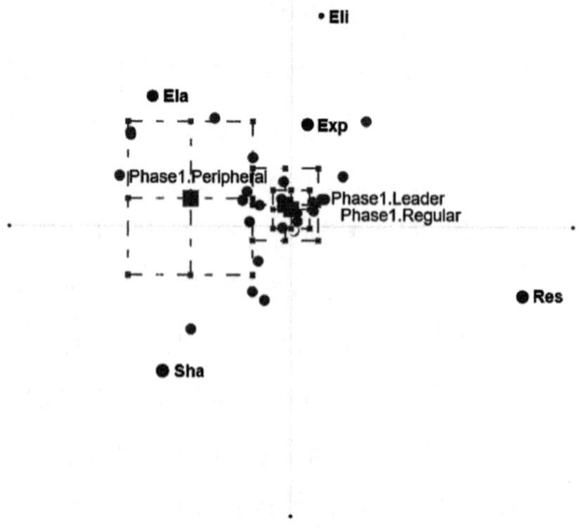

图3-5　角色间对比的整体ENA图

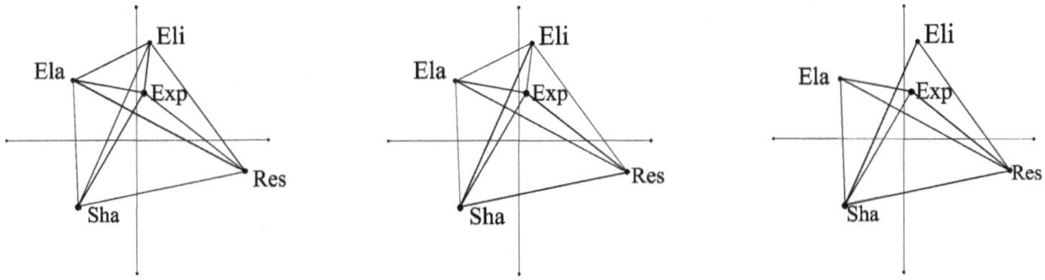

(a) 领导型学生和普通学生　(b) 领导型学生和边缘型学生　(c) 普通学生和边缘型学生

图 3-6 角色间的 ENA 对比细节

注：节点大小表示认证编码的频率；连线表示两个编码共现。连线上的值表示两个角色之间编码共现的差异；差值为较大的数值减去较小的值。

未来研究和实践可加强认知网络分析在实际教学之中的应用，帮助教师深入了解学生在解决复杂问题时的知识、技能、思维习惯与其他认知元素间的关联模式及认知发展轨迹，进而为教师促进学生认知深入发展提供参考依据。

第九节 多模态学习分析

多模态学习分析（Multimodal Learning Analytics，MMLA）可通过捕捉语言、动作、表情、脑电、眼动等多种类型的数据，采用多种学习分析方法和技术，实现对学习行为、认知、信念、动机与情绪等方面的表征。从本质上讲，多模态学习分析旨在利用非传统学习模式的数据，以研究和分析学生在复杂学习环境中的学习。在信息时代，新的数据收集方式和传感技术使得从人类活动领域中收集大量数据成为可能。例如，计算机活动日志、可穿戴相机、可穿戴传感器、生物传感器（如皮肤电导率、心跳和脑电图）、手势感知、红外成像和眼睛跟踪等技术使研究人员能够从多维度获得与学习相关的数据，从而深入了解学习过程。多模态学习分析是横跨学习科学和机器学习的研究领域，能够在复杂学习行为和学习理论之间搭建桥梁以帮助研究者探究复杂学习环境中的学习，是学习分析研究新的生长点。目前，多模态学习分析已涵盖学习生理特征数据、人机交互数据、学习资源数据和学习情境数据。相关研究表明，研究人员最常用的五种模态是音频、视频、生理特征、眼动跟踪和数字交互数据。在分析模型上，主要以传感器捕获、语义解析、机器学习、反馈解释为分析过程，以模式识别、学习分类、预测、行为变化为分析结果。作为一个相对较新的研究方向，各种多模态学习分析研究由于其不同的研究背景、研究目的、研究人群、分析技术而呈现出不同的面貌。然而，随着多模态学习分析在学习分析和教育研究社区中的普遍应用，有必要明确多模态学习分析的原则，以明确研究人员使用这种方法的动机。接下来，我们将总结和阐述 Worsley 等学者提出的多模态学习分析原则。

原则 1：多模态，即学生通过多种方式展示和交流知识、兴趣和意图。多模态数据是学习者以多种方式表达自己及以多种方式表示学习的证据。

原则 2：丰富的学习体验，即多模态学习分析以协作、操作和面对面的学习体验为中心，不再强调计算机屏幕是交互的主要形式或对象。多模态学习分析中，计算机不是学习者关注的中心点，而是作为一种支持学习者与他人和物质世界互动的工具。

原则 3：学习者的复杂性是可见的，即多模态学习分析使得原本不可见的学习模式和实践在计算机等外在设备的辅助下变得可见。在许多多模态学习分析研究中普遍存在的目标是展示难以看到的学习方面，如使用眼动追踪和皮肤电等。

原则 4：跨空间学习，即有证据表明学习是跨越不同空间的，环境能够影响学习的表现。学习发生在学生所在的地方，而不是在特定的数字或物理环境中。移动技术使学生能够从不同的物理空间访问教育资源，并以以前不可能的方式（如面对面、混合式）丰富他们在课堂上的学习体验。

原则 5：多模态数据控制，即研究参与者控制他们的数据以保护数据隐私和道德。多模态数据会引起利益相关者对数据隐私的高度关注。我们需要提出一些道德规范来减轻滥用学生数据的潜在风险，作为确定学习者控制数据和确保数据隐私的有效策略的基础。

原则 6：全面、一致和透明的数据建模，即多模态学习分析研究包括数据建模选项（如数据规范化、多模态数据融合和分析单元）的全面、一致和透明的决策制定，因为这些选择极大地影响数据的解释。

原则 7：多模态数据和人为推理，即通过计算得出的特征往往需要人类的推断，对所使用的算法的了解，及对上下文的深刻认识。

原则 8：从多模态数据中预测的局限性，即学习者并不是由他们在特定环境中表现出来的行为来定义的。任何在算法中使用的“预测”标签或因果变量，或由数据分析产生的变量，都反映了对参与者行为的解释。

原则 9：多模态数据的参与性解释，即多模态学习分析研究让参与者有机会为研究者对数据的理解做出贡献，并且可以成为提供透明度和提高分析有效性的重要方式。

原则 10：透明度和效益，即多模态学习分析研究为参与者提供透明度和有意义的利益。

原则 11：多模态反馈，即模态学习分析反馈利用了多模态的特点。

原则 12：有意义的、可利用的反馈，即对于终端用户多模态学习分析界面提供的有意义的教育信息，非数据专家的用户也能理解。

此外，多模态学习分析是一种整合的学习分析方法，其主要包含以下分析内容：

（1）文本分析（text analysis）：文本是学习过程中最容易获取的信息。

（2）语音分析（speech analysis）：语音分析依赖语音识别技术和自然语言处理技术。语音识别技术主要用于提取话语内容；自然语言处理技术侧重于提取语音的韵律特征，如语调、声调、重音和节奏，以确定谈论的主题、说话者的情绪状态等。

（3）手写分析（handwriting analysis）：手写分析是文本分析的另一种形式，依赖手写识别技术。

（4）草稿分析（sketch analysis）：从学生的草稿中提取出有价值的信息。

（5）行动和手势分析（action and gesture analysis）：行动和手势分析采用摄像机或红外探测器捕捉学生的行动和手势，其中，微软开发的 Kinect 可以用于捕捉学生全身的肢体动作。

（6）情感状态分析（affective state analysis）：研究者开始尝试使用计算机视觉技术和机器学习技术，使机器自动检测学生的面部表情，进而判断学生的情绪状态。

（7）神经生理学的标记分析（neurophysiological markers）：通过标记生理数据分析学生的学习，如脑电、皮肤电分析、眼神注视分析等。

下面简单介绍三个多模态学习分析实例。Emerson 等（2016）采用多模态学习分析方法预测学生游戏化学习时的表现和兴趣，并比较了多模态数据和单模态数据模型之间的差异。该研究收集了 65 名大学生在游戏化学习时的前测成绩、眼神注视、游戏行为和面部表情数据，研究结果显示，多模态学习分析能够准确预测学生在游戏学习中的测试后表现和兴趣，并且多模态数据的模型预测效果优于单模态数据的模型。Chen 等（2020）采集了 59 名 5～7 岁儿童在平板电脑上的触摸动作（如拖动、点击）、面部表情及其他与任务相关的数据（如交互持续时间），并利用方差分析、模式识别技术研究社交机器人分别扮演教师、同伴、学生角色时对幼儿学习和情感的影响，研究结果表明同伴角色最有助于儿童的词汇学习和情感参与。Larmuseau 等（2020）使用多模态学习分析以判断学生在线问题解决过程中的认知负荷。该研究主要收集了 67 名被试自我报告的认知负荷数据和生理数据，其中生理数据包括皮肤电反应（Galvanic Skin Response，GSR）、皮肤温度（Skin Temperature，ST）、心率（Heart Rate，HR）和心率变化（Heart Rate Variability，HRV），生理数据通过 Imec 开发的两个可穿戴设备测量获得。研究结果显示 HR 和 ST 与自我报告的认知负荷显著相关，并且 ST 与任务绩效显著相关。

多模态学习分析作为一个跨学科、跨模态、跨技术的新兴研究方向，未来该领域的研究需关注以下几个方面：（1）开发面向多模态数据的自动化采集装备与技术;（2）开发多模态学习自动化分析工具;（3）跨物理空间和数字空间的多模态学习分析建模;（4）统一学习科学与机器学习领域的探索学习机理;（5）融合视觉、语音、情感、语义的多模态学习计算与学习状态评估;（6）整合多传感系统分析提升个性化学习体验;（7）多模态学习分析数据的隐私保护。

第十节　协作学习分析

协作学习分析（Collaborative Learning Analytics；CLA）与分析协作学习（Analytics of Collaborative Learning，ACL）都强调协作学习与学习分析两个领域的结合，二者既有联系又存在差异。

首先，协作学习分析是协作学习与学习分析两个领域的互相补充，强调在理解协作学习的基础上支持学习过程，更侧重在理解的基础上帮助解决协作学习过程中遇到的挑战及问题。而分析协作学习侧重如何更好地理解和解释协作学习过程中的现象。从协作学习分析的应用实践角度来说，教研人员首先需要明确以下几个方面的问题：协作学习分析能做什么？协作学习分析支持的目标对象是谁？如何在实践中应用协作学习分析？教师或研究人员在构建协作学习分析系统时需要明确在教学情境中计算机和人类代理的角色。计算机支持的协作学习（CSCL）环境不应只是向学习者提供知识，更应提供引导和必要的工具，促进学生使用这些框架和工具来提升自我知识水平和技能。所以，协作学习分析系统的构建大致形成了两种技术路径。第一种是自适应的 CSCL 系统（Adaptive CSCL systems），第二类系统是可适应的 CSCL 系统（Adaptable CSCL systems）。自适应 CSCL 系统的目标是使用智能技术评估当前学生的互动状态，并为其提供量身定制的教学干预以提高学生的协作学习绩效。可适应的 CSCL 系统通常向学生和教育者展示协作交互的分析结果以促进教师或学生的自我反思，进而帮助学习者自主调节学习。

其次，分析协作学习的目标不再是简单地从小组、个人或集体的角度理解协作学习；协作学习分析的目标是对多层级的学习对象施加行动干预，影响他们的学习进程，其核心的关注点是反馈。比如在协作学习分析系统的干预下，学习者的自我反思可能从“我在团队协作中贡献了什么，我应该做些什么来改善它？”转变成“我们的协作进程是怎样的，我们应该如何来促进协作的发展？”

协作学习分析应用于教学实践的另一个核心问题是，教师期望通过应用协作学习分析来促进协作学习，并且想知道要如何设计才能实现这样的目标。协作学习分析强调对协作学习过程的促进效果，当协作学习分析整合到实际教学情境中时，它可以为学习者提供一种便捷的方式去评估协作学习过程中的有意义的信息并挖掘其背后的价值。此外，协作学习分析对协作学习的支持也并非总能符合教师的预期。有研究表明，协作学习分析不一定能提升教师识别协作学习过程中存在的问题的能力，但是通过协作学习分析系统的支持，教师对问题的诊断能力和解释问题的信心可以得到提升。因此，在协作学习分析的实际应用中，我们还需要更加辩证地来看待实际教学中产生的效果。

总的来说，协作学习分析进一步完善了传统学习分析的不足。与传统学习分析侧重个人学习画像相比，协作学习分析既关注学习个体，也关注不同协作群体的学习解释。在分析的时效性方面，协作学习分析强调及时地从多维度理解协作学习过程，并支持教师干预和学生调节。在支持教学调节的应用层面，协作学习分析强调多次迭代教学活动。总之，协作学习分析有助于建立我们对协作学习的理解，并促进我们从理解学习过程转向支持学习过程。

本章小结

本章详细介绍了学习分析的周期和多种主要研究方法，具体包括社会网络分析、内容分析、话语分析、时序分析、事件序列分析、过程挖掘、认知网络分析、多模态学习分析和协作学习分析，旨在帮助读者了解不同学习分析方法的工作原理和特征，为理解下一章学习分析应用实例奠定基础。

思考

1. 社会网络分析、内容分析、话语分析、时序分析、事件序列分析的特点分别是什么？分析对象是什么？

2. 内容分析和话语分析的主要区别是什么？

3. 本章介绍的学习方法中，哪些分析方法考虑了时间元素？

CHAPTER 4

第四章 学习分析方法实例

本章主要介绍学习分析作为事后分析方法应用于教育实证研究的实例，以展示如何运用不同的学习分析方法理解学习者、学习过程及其教学环境。本章包含6个教育实证研究案例，包含社会网络分析案例、内容分析案例、社会网络分析和内容分析结合的案例、内容分析与认知网络分析结合的案例、滞后序列分析案例及时间序列分析案例。在本章第一节第一个实例中，社会网络分析用于分析参与者与参与者、参与者与讨论之间的社会网络结构。在本章第二节实例中，内容分析用于分析学习者在同步或异步讨论中的知识探究和知识建构水平。在本章第三节实例中，社会网络分析与内容分析创新结合，用以检查在线讨论中学生的社会参与角色及其认知参与水平之间的关系。在本章第四节实例中，社会网络分析、内容分析与认知网络分析整合，从总结性和认知性的角度分析不同社会参与角色的认知结构随时间所发生的变化，探究不同社会参与角色的学生的认知贡献。在本章第五节实例中，事件序列分析方法之一的滞后序列分析用于分析学生在协作问题解决中的认知、元认知和行为的转换模式。在本章第六节实例中，时序分析用于分析学生在结对编程中编程行为随时间变化而发生的变化。本章中所有实例均为作者研究团队从事的教育实证研究。掌握并灵活运用以上学习分析方法，将有利于研究者及教育工作者处理和分析多种教育数据，从多维度、多层次、动态角度理解教学和学习过程。

第一节　社会网络分析实例：利用社会网络分析探究在线学习社区中教师的参与角色及其对讨论设计的影响

一、研究简介

本实例选取 Ouyang 和 Scharber 2017年发表于 *The Internet and Higher Education* 的一项研究，研究名为“The influences of an experienced instructor's discussion design and facilitation on an online learning community development: A social network analysis study ”。该研究利用社会网络分析方法，包括整体参与者—参与者单模交互网络、整体参与者与讨论双模交互网络及班级层面和小组层面的参与者—参与者交互单模网络，从面向过程的角度检查在线学习社区如何随着时间的推移而发展，及教师的讨论设计和引导如何在整个课程期间发生变化。研究环境为美国一所中西部大学提供的完全在线、研究生水平的课程。这个在线课程关注在线学习社区理论和构建在线学习社区的实践。总共有 20 名研究生同学（16 名女性和 4 名男性）参与到这个课程当中。该课程的任课教师 Danielle 在高等教育行业具有 15 年的在线教学经验。Danielle 为该课程设计了不同形式的教学活动，在 Ning 社交网站上开展这些教学活动。该活动要求参与的学习者在具体的时间框架下至少参与 7 次讨论，而对其参与次数则没有限制。

本研究的目的在于研究在线学习社区的发展过程及一位有经验的教学者的讨论设计（分组安排、讨论结果）对在线学习社区发展过程的影响和促进作用。本研究主要涉及 3 个问题：在线学习社区具有何种特征及发展过程？教师的讨论设计如何影响在线学习社区的发展？教师的讨论参与如何影响在线学习社区的发展？

研究收集了课程的异步在线讨论论坛原始数据，包括与主题相关、基于文本的全部讨论（41 条帖子，1088 条评论）。这些原始数据集编码为两种类型的网络数据结构：参与者—参与者的单模网络数据结构（有向、带权重结构）、参与者—讨论双模的网络数据结构（有向、带权重结构）。在单模网络结构中，箭头表示在讨论中谁回复或提到了谁，边的权重表示了学习者回复或提到他人的次数即交互频率。在双模网络中，箭头表示哪位学习者参与了哪一个帖子的讨论（参与者与帖子主题的关系），边的权重表示参与者针对某个帖子的参与次数即参与频率。此外，双模参与者—讨论网络结构被映射到单模网络结构中，节点表示参与者，边的权重表示在一个讨论中参与者之间的共现频次即共同参与的频率。

二、具体学习分析方法：社会网络分析

社会网络分析方法利用 R 的 sna、tnet 包提供了一组节点层面和网络层面的度量以描述实体间关系和网络属性（见表 4–1），并利用 igraph、gplot、ggplot2、visnetwork 等工具包可视化表示社会网络。首先，节点层面度量包括度中心性、中介中心性、接近中心性。度中心性包括出度中心性和入度中心性，出度中心性表示由参与者发出的交互频率数量，入度中心性表示指向参与者的交互频率数量。中介中心性反映参与者如何在两个参与者之间的最短路径中扮演中介者角色。接近中心性表示参与者与其他参与者间的平均距离（以最短路径衡量），反映参与者与其他人交换信息的效率。接近中心性可进一步分为入接近中心性和出接近中心性，分别反映参与者接受和传播信息的效率。其次，网络层面的度量包含参与者数量、边的数量、交互频率、度的均值、密度、平均路径长度、对称性占比和非对称性占比、互惠性、传递性、中心性、部件、连通性、Opsahl's GCC 等。参与者数量表示参与交互的参与者总数，也表示网络中节点的数量。边的数量表示与不同参与者交互的数量，也表示网络中边的数量，不考虑边的权重。交互频率包括教师与学生的互动总数和学生与学生之间的互动总数。度的均值包含网络中参与者入度中心性和出度中心性均值。密度描述节点在网络结构中总的聚集趋势，是实际关系数量与所有可能关系数量的比值。平均路径长度表示所有可能节点对的最短路径平均数。对称性占比表示具有对称关系的二元组数量与可能的二

元组数量之比，而非对称性占比表示具有非对称性关系的二元组数量与可能的二元组数量之比。互惠性和传递性可以反映参与者在网络中的互动水平。中心性可以表明网络的分布特征，中心值 0 表示最均匀分布的网络，1 表示最集中分布的网络。网络凝聚性范围从 0（表示完全不连通的网络）到 1（表示最连通的网络）。连通性表示忽略路径方向，二元组数量占所有可能二元组的比例，取值范围为 0 ～ 1。Opsahl's GCC 反映双模网络中节点的聚集趋势。对于由双模映射到单模的网络，其度中心性、接近中心性、中介中心性、Opsahl's APL 平均路径长度和 Opsahl's GCC 的计算同单模权重网络一致。

本研究首先分析了三种网络结构（单模网络、双模网络、双模到单模的映射网络—双模网络结构的单模形式）在网络层面的属性和节点层面的中心性（见表 4-1）。对于单模网络结果来说，该研究可选用 Opsahl's 的 α 参数值（0，0.5，1）去计算入度中心性、出度中心性、接近中心性、中介中心性。对于出度中心性和入度中心性属性，当 α=0 时，计算一个参与者交互的全部对象；当 α=1 时，计算两个参与者之间总的交互频率；当 α=0.5 时，对于同样的交互频率而言，与更多的人进行交互的参与者将会有更好的度的得分。对于接近中心性和中介中心性两个属性，当 α=0.5 时，由更低交互频率构成相对较短的路径比由更高交互频率构成相对较长的路径更受到支持；当 α=1.5 时，由更多的较高交互频率的中介节点形成的路径更受到支持；当 α=1 时，将会得出与 Dijkstra（1959）最短路径同样的结果，他仅仅计算两个节点之间的交互频率。此外，对于双模网络结构，这里有两种计算度的方式：当 α=0 时，度计算一个参与者的参与讨论的总数，而不计算他的参与频率；当 α=1 时，度计算一个参与者在所有的讨论中总的参与频率。对于第三种网络结构（双模网络映射到单模结构中）有三种度的计量方式：当 α=0 时，计算在同一个讨论中，一个参与者直接或间接相连的参与者总数；当 α=0.5 时，与共同参与频率一样，参与越多的参与者将会有更高的度得分；当 α=1 时，计算在所有的讨论中一个参与者与其他参与者共同参与频率的总数。

接下来，研究检查了该学习社区在不同时间段的不同讨论中的发展情况，检查了 3 个班级和 8 个随机选择的小组讨论情况的单模交互网络。对于加权单模网络分析采用了相同的网络层面的度量（见表 4-1）。此外，基于对照结果，该研究设置 Opsahl's α =0.5 进行测量，该参数同时考虑了参与者数量和互动频率的影响，这也与在线学习社区的内在属性相一致。因此，该研究仅仅使用 α =0.5 检验 3 个班级和 8 个随机选择小组在讨论情况中节点层面的中心性。

表 4-1　整合的社交网络分析框架

SNA 度量	描述
单模权重网络	
节点层面	
出度中心性	描述一个参与者发出的交互频率数量（α =0，0.5，1），箭头指向其他参与者
入度中心性	其他参与者连接到自身的交互频率数量（α =0，0.5，1），箭头指向其他参与者
接近中心性	参与者到网络中其他所有参与者的路径长度的倒数（α =0.5，1，1.5）
中介中心性	通过一个节点的最短路径的数量（α =0.5，1，1.5）
网络层面	
参与者的数量	整个网络中参与者的数量（节点的数量）
边的数量	网络结构中的边的数量，不考虑边的权重
交互频率	整个网络结构中交互频率的总数（包括学生—学生、学生—教师、教师—学生）
学生—学生的平均交互频率	每一周学生与班级同学的平均交互频率
度的均值（出度、入度）	对度的总和求平均值，包括入度和出度
密度	网络结构中实际的边的数量与可能的边的数量的比值
Opsahl's 平均路径长度	α 参数设置为 0.5，计算网络结构中所有可能成对连接的节点之间最短路径的平均步长
对称性占比，非对称性占比	对称关系的二元组数量比率（实际的二元组与可能的二元组之比），不对称的二元组数量比率（实际不对称的二元组数量与可能的二元组数量之比）
互惠性	对称的二元组与全部可能的二元组的比率
传递性	可传递的三元组与网络中所有三元组的比率
中心性	网络结构中一小部分参与者的度中心性的集中程度
部件	网络结构中所有部件的数量
连通性	忽略网络中路径的方向，所有二元组的分数，取值范围在 0～1

续 表

SNA 度量	描述
全局聚集系数	参与者集中聚集的趋势，依据相互接近的三元组与总的三元组之间的比率进行计算
双模权重网络	
度的中心性	α =0，一个参与者参与讨论的数量；α =1，一个参与者总的参与频率
密度	表示参与者和讨论两种类型数据间实际的边的数量与两类型数据可能存在的边数之间的比率
全局聚集系数	描述节点在双模网络结构中总的聚集趋势；它度量来自主节点集（即参与者数据集）的三个参与者之间的闭合度

最后，该研究使用 Marcos-Garcfa 的 DESPRO 方法检查教师在所有讨论参与过程中的角色，包括 3 个班级和 8 个随机选择的小组讨论。依据 DESPRO 方法，该研究定义教师的角色有以下几种：指导者，具有高的参与度（体现在出度中心性和出接近中心性）、影响力（体现在入度中心性和入接近中心性）、中介性（体现在中介中心性）；促进者，具有中高水平的中介性，然而没有较高的参与度和影响力；协作者，具有较高水平的参与度和影响力、中低水平的调节力；观察者，在参与度、影响力和调节力方面都处于较低水平。所有的中心性的计算都是基于 Opsahl's α =0.5 得出结果。

三、学习分析结果

（一）单模参与者—参与者网络的总体结果

总的来说，所有学生和 Danielle 形成了一个互动的（互动频率、对称性占比和互惠性等指标都具有较高得分）、有凝聚力的（密度、部件、连通性和 Opsahl's GCC 指标具有较高得分）和均衡分布的（中心性指标的较低得分）的学习群体（见表 4-2）。所有参与者都连接形成一个单一的网络群体，网络中没有孤立的参与者。即使是位于边缘位置的学生，也与其他参与者有一定程度的互动（如图 4-1）。

表 4-2　整体单模参与者—参与者交互网络的网络层面属性

度量指标	结果
参与者人数	21
关系连接数	326
交互频率 （包括学生—学生，学生—教师和教师—学生）	1096 (910, 114, 72)
学生—学生平均交互频率	3.79
度的均值（出度、入度）	56.2 (28.0, 28.2)
Opsahl's 平均路径长度	0.776, 2.835
对称性占比，非对称性占比	134 (64%), 58 (28%)
互惠性	0.698
传递性	0.812
凝聚性	0.209
部件	1
连通性	1
全局聚集系数	0.840

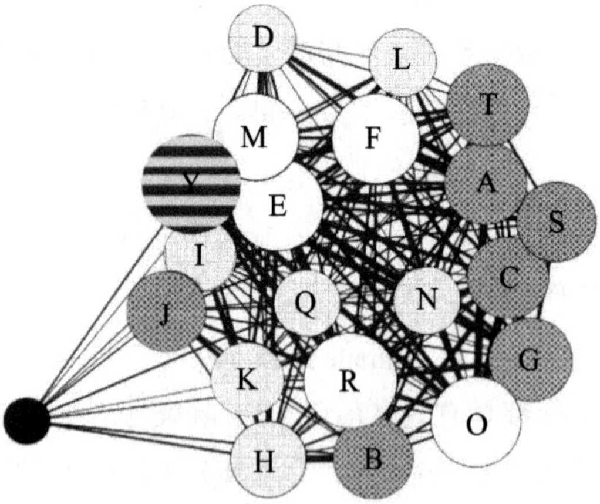

图 4-1　整体单模参与者—参与者交互网络（Danielle 以 Y 节点表示）

从节点层面的分析结果可以看出，Danielle 和两个学生的出度中心性最大，为 20；也就是说，他们与其他 20 位参与者之间都建立了互动。Danielle 共向其他学生发送了 72 条回复 / 留言，在所有参与者中排名第五。在考虑到互动频率后（当 α 从 0 设置到 0.5 和 1 时），Danielle 的出度中心性得分下降。

这一结果表明，尽管在 14 周的课程中，Danielle 与所有学生都有互动，但互动的频率却不像某些学生那样高。此外，Danielle 的最高入度中心性得分表明，Danielle 收到的回复多是从其他学生那里得到的回复。当 α 被设定为 1.5 时，Danielle 与两名学生的接近中心度中心性最高，然而当 α 被设定为 0.5 时，她的排名下降到第四位。这也表明，Danielle 倾向于与大多数学生建立直接互动，但她的互动频率并不是所有参与者中最高的。此外，Danielle 具有最高的中介中心性指标得分，这表明她在讨论中具有显著的中介效应。

（二）双模参与者—讨论网络的总体结果

交互的密度指标表明所有参与者都倾向参与某些讨论（见表 4-3）。在基础小组讨论中的交互比其他类型的讨论连接更紧密，这表明参与者在基础小组讨论中参与更为频繁。此外，班级层面讨论（C1、C2 和 C3）位于整个双模网络的中心位置，表明大多数参与者都参与了三个班级的讨论(如图 4-2)。进一步分析发现，5 对学生（B 和 H、C 和 G、D 和 F、L 和 M、O 和 T）具有最高的共同参与频率，他们共同参与了 6 次讨论，而 Danielle 与学生的共同参与频率在 1 ～ 3 之间。Opsahl's GCC 指标在双模网络中的得分比在单模网络中的得分低，这也表明学生只参与了某些讨论，而不是大多数讨论。

表 4-3　双模参与者—讨论网络的网络层面属性

度量	结果
节点数量	
参与者数据集	21
讨论数据集	21
边的数量	145
密度	0.329
平均路径长度	1.280
全局聚类系数 (双模网络)	0.979
全局聚类系数 (映射的单模网络)	1

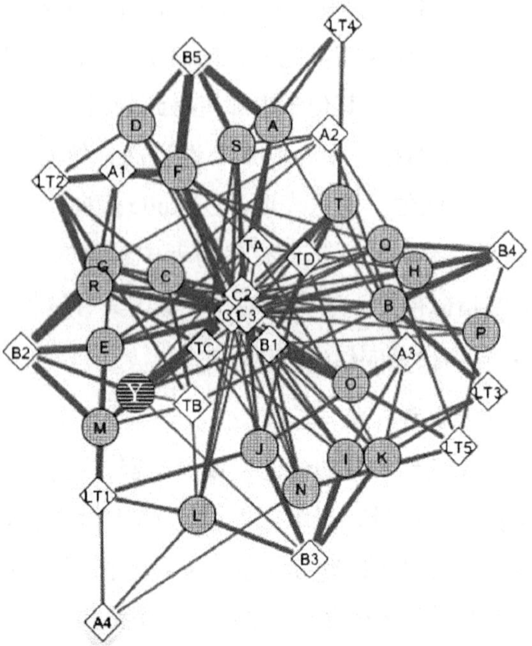

图 4-2　整体双模的参与者—讨论网络（Danielle 以 Y 节点表示）

在节点层面的结果中，包括 Danielle 在内的大多数参与者都参加了 7 次讨论。学生 F 是唯一参加了 8 次讨论的参与者。当 α 被设定为 1 时，Danielle 的度中心性指标得分排在第 12 位，这意味着尽管她和大多数学生一样参加了 7 次不同的讨论，但她参与讨论的频率并不高。对于单模网络而言，当 α 设置为 0 时，所有参与者的度中心性指标得分都是 20；也就是说，所有的参与者都通过参与讨论的方式，直接或间接地与班级其他成员联系在一起。此外，当 α 被设定为 0.5 时，Danielle 的中介中心性指标最高，而当 α 被设定为 1 和 1.5 时，则是学生 F 的中介中心性指标最高。换句话说，Danielle 倾向于以相对较低的频率与学生互动，而学生 F 倾向于以相对较高的频率与学生互动。

（三）班级层面和小组层面的讨论网络

对于三个班级的讨论来说，在参与人数、节点连接、学生与学生之间的互动频率、网络平均度、网络密度，及对称和不对称关系的占比指标上都是递增的，而在三个班级中教师与学生的互动则是递减的。此外，除了 C2 的互惠性有所下降外，其他班级的互惠性和传递性指标都呈上升趋势。连通性和 Opsahl's GCC 指标的得分都是增加的。C1、C2 和 C3 的中心性指标得分相对较低（见表 4-4）。总的来说，对于班级层面的讨论，参与者逐渐形成了一个互动的、有凝聚力的、均衡分布的交互网络。

在不同的小组讨论中，学生有不同的互动倾向。在基础小组讨论中，学生的互动频率、平均度、密度、对称和不对称的占比，及 Opsahl's GCC 指标都高于其他形式的小组讨论。当学习进程从基础小组讨论转换到其他形式的小组讨论时，学生与学生之间的互动频率呈现下降趋势。此外，与学生在整个班级层面的高互动频率相比（即所有讨论），学生在一些小组层面的讨论中的互动频率则相对较低（如 TC、A4、LT4）。

表 4-4　班级层面和小组层面讨论的参与者—参与者单模网络属性

指标	班级层面讨论			小组层面讨论							
	C1	C2	C3	B2	B4	TA	TC	A2	A4	LT3	LT4
参与者数量	17	19	21	5	5	6	6	7	3	21	19
联结数量	54	61	93	18	16	20	14	16	4	57	49
交互频率（生生，生师，师生）	69 (44, 12, 13)	68 (64, 4, 0)	143 (96, 47, 0)	70 (54, 7, 9)	38 (29, 3, 6)	33 (27, 0, 6)	18 (12, 0, 6)	33 (33, 0, 0)	6 (6, 0, 0)	63 (61, 2, 0)	51 (50, 1, 0)
平均生生交互频率	2.75	3.56	4.80	6.75	3.63	5.40	2.40	4.71	2.00	3.05	2.63
平均度（出度，入度）	5.8 (2.9, 2.9)	6.1 (3.1, 3.0)	10.8 (5.4, 5.4)	14.1 (7.1, 7.0)	9.7 (4.8, 4.9)	8.5 (4.2, 4.3)	5.3 (2.6, 2.7)	4.8 (2.4, 2.4)	3.0 (1.5, 1.5)	5.7 (2.9, 2.8)	5.3 (2.7, 2.6)
密度	0.129	0.145	0.221	0.900	0.800	0.667	0.467	0.381	0.667	0.136	0.143
对称联结（占比）不对称联结(占比）	10 (5%), 34 (16%)	10 (5%), 41 (20%)	18 (9%), 57 (27%)	9 (90%), 0 (0%)	7 (70%), 2 (20%)	6 (40%), 8 (53%)	4 (27%), 6 (40%)	4 (19%), 8 (38%)	2 (67%), 0 (0%)	9 (4%), 39 (19%)	9 (5%), 31 (18%)
互惠性	0.227	0.196	0.240	1	0.778	0.429	0.400	0.330	1	0.188	0.225
传递性	0.250	0.327	0.453	0.875	0.730	0.771	0.818	0.607	0	0.295	0.187

续 表

指标	班级层面讨论			小组层面讨论							
	C1	C2	C3	B2	B4	TA	TC	A2	A4	LT3	LT4
中心性	0.338	0.268	0.529	0.125	0.250	0.280	0.520	0.333	0.500	0.252	0.259
元件	5	3	1	1	1	1	1	1	1	1	1
连通性	0.648	0.814	1	1	1	1	1	1	1	1	1
全局聚集系数	0.245	0.335	0.517	0.883	0.735	0.799	0.845	0.591	0	0.317	0.187

（四）教师的参与角色

在整个课程中，Danielle 的出度中心性和出接近中心性处于中高水平，入度中心性和入接近中心性处于中等水平，中介中心性处于高水平。因此，她在整个互动网络中扮演着促进者的角色（见表 4-5）。值得注意的是，Danielle 具有较高的入度中心性得分，主要是 C3 班级讨论中学生的频繁提及所致。学生们表明了对其在线课程设计表示认可，对她在教学中的贡献和努力工作表示感谢。入度中心性指标的高得分并不能认为是 Danielle 的主动参与所致，所以，该指标只反映出 Danielle 中等水平的影响力（入度中心性和入接近中心性）。Danielle 并没有位于交互网络的中心位置（如图 4-3），这也符合她促进者的角色。此外，考虑到 Danielle 的中心性得分和她在网络中的位置的变化，研究可以得出结论，Danielle 在整个 14 周的课程中都扮演了一个促进者的角色。

Danielle 在三个班级层面讨论中扮演了不同的角色。在所有参与者中，Danielle 的中心性指标水平最高，她在班级讨论 C1 中扮演引导者的角色。在班级讨论 C2 中，除了一项中等水平的入度中心性指标，Danielle 的中心性指标分数大多下降到了最低水平。因此，Danielle 在 C2 中扮演了一个观察者的角色。同样地，在班级讨论 C3 中，除了 Danielle 因学生的提及而获得了最高水平的入度中心性指标，她的中心性指标大部分为 0，在所有参与者中处于最低水平。考虑到 Danielle 在 C3 中没有主动参与，该研究得出结论，Danielle 的高水平入度中心性指标并没有改变她在 C3 中作为观察者的角色（如图 4-3）。

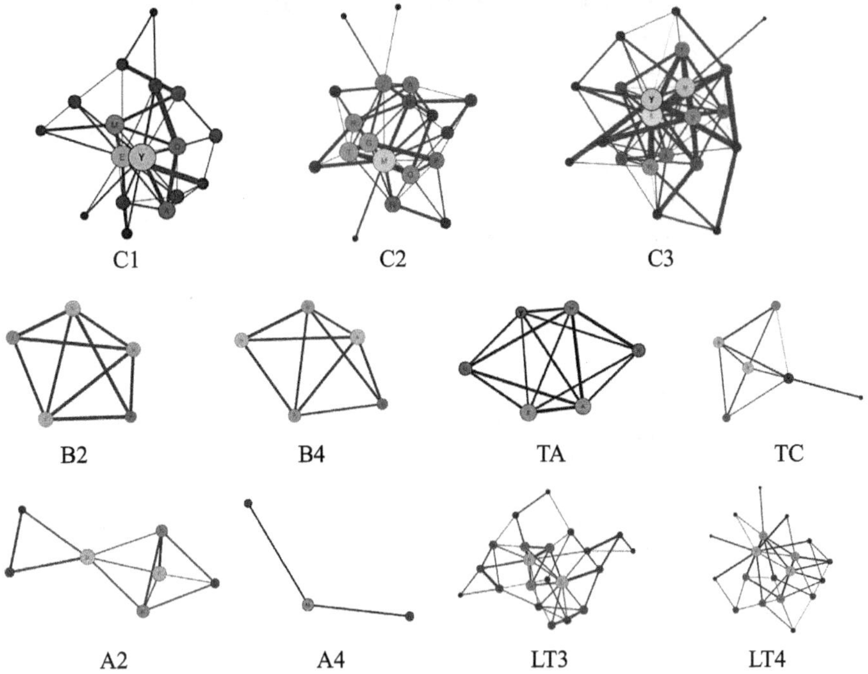

图 4-3 班级层面和小组层面讨论的交互网络

Danielle 在小组层面的讨论中也扮演了不同的角色。在 B2 中，Danielle 的出度中心性、出接近中心性、入度中心性、入接近中心性和中介中心性的得分都很低，她在 B2 中扮演的是观察者的角色。在 B4 中，她扮演的是促进者的角色，因为她的出度中心性指标由低水平发展到中等水平，出接近中心性由中等水平发展到高水平，并且具有低水平的入度中心性和入接近中心性、中等水平的中介中心性。Danielle 在 TA 和 TC 中扮演了合作者的角色，她的出度中心性指标由中变高，并具有低水平的出接近中心性、入度中心性、入接近中心性、中介中心性。随着课程的进行，Danielle 在 A2 和 A4 中扮演着观察者角色，并没有积极参与到任何一次讨论中。Danielle 还在 LT3 和 LT4 中扮演同样的观察者角色。

表 4-5　教师在讨论中的中心性指标、范围和参与角色

类别	所有讨论					讨论					讨论				
指标	Od	Oc	Id	Ic	Bet	Od	Oc	Id	Ic	Bet	Od	Oc	Id	Ic	Bet
最大值	43.6	0.027	46.5	0.029	42	11.40	0.035	9.80	0.030	94	7.35	0.019	10.95	0.029	65.29
最小值	6	0.007	13.1	0.016	0	0	0	0	0	0	0	0	0	0	0
平均值	28.07	0.021	28.16	0.021	7.81	2.88	0.013	2.89	0.014	11.43	3.06	0.012	3.06	0.012	15.48
Danielle	38	0.023	46.5	0.028	42	11.40	0.035	9.80	0.030	94	0	0	3.46	0	0
区间	M-H	M-H	H	H	H	H	H	H	H	H	L	L	M	L	L
角色	促进者					引导者					观察者				

类别	讨论					讨论					讨论				
指标	Od	Oc	Id	Ic	Bet	Od	Oc	Id	Ic	Bet	Od	Oc	Id	Ic	Bet
最大值	14.70	0.014	28.27	0.028	101	8.49	0.13	8.72	0.14	2	7.21	0.14	6	0.11	2
最小值	0	0	0	0	0	5.20	0.10	4.58	0.09	0	3	0.08	2.45	0.07	0
平均值	5.44	0.012	5.40	0.011	18.67	7.08	0.11	7.04	0.11	0.40	4.81	0.10	4.90	0.10	0.80
Danielle	0	0	28.27	0	0	5.20	0.10	4.58	0.09	0	4.24	0.13	2.45	0.08	1
区间	L	L	H	L	L	L	L	L	L	L	L-M	M-H	L	L	M
角色	观察者					观察者					促进者				

类别	讨论					讨论					讨论				
指标	Od	Oc	Id	Ic	Bet	Od	Oc	Id	Ic	Bet	Od	Oc	Id	Ic	Bet
最大值	6.93	0.19	5.66	0.15	4	5.48	0.20	5.29	0.19	3	4.47	0.062	4.47	0.062	11
最小值	2	0	0	0	0	0	0	0	0	0	0	0	0	0	0
平均值	4.18	0.09	4.27	0.09	0.83	2.62	0.09	2.63	0.09	0.50	2.42	0.061	2.42	0.06	2.86
Danielle	5.48	0	0	0	0	5.48	0	0	0	0	0	0	0	0	0
区间	M-H	L	L	L	L	H	L	L	L	L	L	L	L	L	L
角色	合作者					合作者					观察者				

类别	讨论					讨论					讨论				
指标	Od	Oc	Id	Ic	Bet	Od	Oc	Id	Ic	Bet	Od	Oc	Id	Ic	Bet
最大值	2.45	0.29	2	0.24	2	8.94	0.02	7	0.02	142	7	0.02	7	0.02	80.90
最小值	1	0.15	1	0.15	0	0	0	0	0	0	0	0	0	0	0
平均值	1.48	0.20	1.47	0.20	0.667	2.85	0.01	2.85	0.01	23.40	2.38	0.01	2.38	0.01	18.10
Danielle	0	0	0	0	0	0	0	2	0	0	0	0	1	0	0
区间	L	L	L	L	L	L	L	L-M	L	L	L	L	L-M	L	L
角色	观察者					观察者					观察者				

注：H：高　M：中　L：低。

四、教学及研究启示

从在线学习社区的发展过程来看，学生和教师一起，在这门在线课程中形成了一个互动的、具有凝聚力的、平衡分布的学习社区。学习社区中的所有参与者都建立了联系（不存在孤立的学习者）。随着学习进程的推进，师生互动的频率逐步降低，而生生互动的频率则显著地提高了。并且，学生在整个学习过程的交互并不再由少数学生主导，而是形成了更加平等的交互。其次从在线学习社区发展过程中教师的讨论设计来看，教师的讨论设计和分组安排对学生的参与模式和小组的形成具有重大影响。不同的分组安排会影响在线学习社区的发展。并且，教师早期的小组分配会对学生后期分组产生影响。最后从在线学习社区发展过程中教师对讨论的促进作用来看，教师的讨论设计对在线学习社区的发展会产生重要的影响。在学习初期，教师的领导者角色有助于学习社区的形成。在学习的中后期，教师的角色转变为观察者和促进者，这种转变则鼓励学生形成独立、自主、自我调节的参与角色。总的来说，在学习过程中，不同时期的角色转变，有利于促进学生主导、同伴支持的在线学习社区的形成。

第二节 内容分析实例展示：内容分析在师生合作伙伴关系研究中的应用

一、研究简介

本实例选取 Ouyang 等 2020 年发表于 *Instructional Science* 的一项研究，研究名为“Examining the instructor-student collaborative partnership in an online learning community course”。该研究利用定量内容分析和定性内容分析探究在线学习中的师生关系。其中，定量内容分析研究了教师和学生在学习、教学和社交过程中的参与频率，定性内容分析研究教师和学生之间在特定主题上的认知、教学和社会参与是如何转变的。研究旨在推进高等教育背景下师生合作伙伴关系的理论化分析和实践发展，研究问题是：师生是否建立了合作伙伴关系？在何种程度上建立了合作伙伴关系？是如何建立合作伙伴关系的？

研究环境为美国中西部大学的研究生在线课程，该课程主要关注在线学习共同体理论和构建在线学习共同体的实践，教师使用学习共同体教学策略促进学习。该课程主要包含基于探究的在线异步讨论、教师设计的讨论和学生设计的讨论。每周讨论包括三个部分：设计、讨论和总结。首先，每周教师或学生设计一个讨论学习活动，并在平台上创建一个讨论帖子。然后，师生进行讨论，在讨论中，教师和学生们发表观点，提出或回答问题，并借鉴、批评或反思他人的观点。最后，在下一周开始时，教师会以视频、音频或文本的形式发布一个反思帖子，总结前一周讨论的观点。此外，教师还设计了两个额外的教学活动：班级章程活动和期末反思活动。该研究收集的数据包括课堂议程、课堂环节、教学视频和音频、异步讨论内容、讨论总结和最终反思。

二、具体学习分析方法：内容分析

研究使用定量内容分析，研究分析教师和学生在学习、教学和社交过程中的参与频率。此外，研究使用定性内容分析，研究分析教师和学生之间的互动。首先，在定量内容分析中，本研究采用 Garrison 等（2001）提出的探究社区理论作为编码框架以分析教师和学生的参与频率。该编码框架包含的认知、教学和社交三维度，与师生合作伙伴关系的三个主要部分一致。为了更好地应用于实际数据，本研究重命名了一些编码或修改了一些编码的描述（见表 4–6）。此外，为了体现合作伙伴关系，研究对教师和学生内容均采用了相同的编码类型。分析的单位是段落，对于视频和音频的转录文本，当没有明确的自然段落时，研究者根据观点或主题手动分配段落。4 名编码员首先对 20% 的数据进行独立编码，对于存在争议的编码，通过召开多次会议来解决差异、调整代码并达成一致。研究采用 Krippendorff（2004）的 α 信度计算多名编码者之间的信度，其 α 信度值分别为 KEX: 0.76，KEL: 0.78，QER: 0.89，DO: 0.86，DF: 0.86，AS: 0.80，ES: 0.90，CP: 0.82，IC: 0.90。此处 α 信度值在在线网站（http://dfreelon.org/utils/recalfront/recal3/）中计算得出。通过信度检验后，第一作者独立地对数据集的其余部分进行了编码。

表 4-6　改编的 CoI 编码框架

维度	类别	描述
认知	知识探索 (KEX)	参与者探索信息，但是不作详细说明
	知识阐释 (KEL)	参与者通过解释、证据或个人经历来阐述观点
	引出回应问题 (QER)	参与者提出或回答问题
教学	设计与组织 (DO)	参与者设计和组织活动
	促进讨论 (DF)	参与者发起讨论，提供提示，将正在进行的讨论集中在一个特定的主题上
	帮助与总结 (AS)	参与者在与活动、资源或技术有关的问题上提供帮助，总结想法
社交	表达与分享 (ES)	参与者分享情绪、个人价值观及与课程内容无关的东西
	提升凝聚力 (CP)	参与者以姓名称呼他人，以“我们”“我们小组”称呼小组
	互动交流 (IC)	参与者继续讨论主题，直接对他人进行回复或评论

其次，研究使用定性内容分析方法来分析教师和学生的参与转换序列，即教师和学生之间在特定主题上的认知、教学和社会参与是如何轮流转换的（如教师→学生→教师或学生→教师→学生），此外，教师或学生内部也可以产生转换（如教师→教师→学生或学生→学生→教师）。结果发现，教师和学生们对某个特定主题的参与要么发生在一个讨论周期内，要么发生在多个讨论周期之间。此外，所有转换频率在 2 ～ 10 之间，因此，研究选取了一个中间频率值 5 作为阈值，所有转换频率小于 5 的数据被排除在外。

三、学习分析结果

（一）参与频率

首先，定量内容分析结果呈现了教师和学生在认知、教学和社会维度的参与频率（见表 4-7）。在认知维度上，教师的参与频率（总和 = 72）与学生的平均参与频率（平均值 = 75.10）几乎相等。在教学维度上，学生的集体参与频率（总和 = 400）略高于教师的个人参与频率（总和 = 356）。在社会维度上，教师的个人参与频率（总和 = 200）与最活跃学生的参与频率（范围 = [15，200]）相等。

表 4-7　认知、教学和社会参与频率总结

维度	教师 (N=1)	学生 (N=20)		
	总频率	总频率	平均值	范围
认知	72	1,502	75.10	[30, 125]
知识探索	40	272	13.60	[6, 32]
知识阐释	24	800	40.00	[18, 64]
引出回应问题	8	237	11.85	[1, 28]
教学	356	400	20.00	[1, 41]
设计与组织	148	238	11.90	[0, 23]
促进讨论	130	131	6.55	[0, 14]
帮助与总结	78	26	1.30	[0, 4]
社交	200	1,843	92.15	[15, 200]
表达与分享	101	338	16.90	[5, 37]
提升凝聚力	88	600	30.00	[6, 67]
互动交流	11	669	33.45	[4, 73]

此外，教师和学生们在每个维度下有着不同程度的贡献。在认知维度上，教师经常分享讨论主题的信息和资源，以引发认知探究，学生做出最大的贡献是阐述观点，达成新的理解，并增进团体知识。在教学方面，教师承担了设计和促进讨论往高层次发展的责任，学生对讨论设计做出了重大贡献。在社会层面，教师经常鼓励学生参与，学生经常回复同龄人，他们都为促进群体凝聚力做出了重大贡献。

（二）转换路线

整个数据集中确定了 13 种参与转换路线，主要分为四种类型：认知参与

转换——想法构建（频率 = 5），教学参与转换——讨论设计和实施（频率 = 4），社会参与转换——社会学习环境构建（频率 = 3）及交织的认知、教学和社会参与转换，形成一个“设计—探究—重新设计—探究”的循环，有社会支持（频率 = 1）。该研究展示了每种类型的一个样本，以阐明教师和学生是如何形成合作伙伴关系的。

认知参与转换：在认知参与转换的五个环节中，教师和学生们轮流建立想法。教师首先就课堂议程上的一个话题发起了讨论，并对自己的想法进行了明确的陈述。在介绍的同时，他提出了一些提示性的问题来引发探究。然后，在讨论中，学生们用详细的阐述、资源的支持来表达自己的想法，并进一步扩展、连接和深化他人的想法。教师通常也会参与讨论，指出一个子主题，提出相关的问题，或者在学生想法的基础上继续发展。学生们也会提出问题并回答，有时还进行反思。最后，认知参与转换在教师的总结视频中结束，在视频中，教师总结学生的想法，陈述自己的观点，并升华集体认知。总之，在认知互动过程中，教师和学生们保持着相互交流，分享、建构和积累知识。

教学参与转换：在教学参与活动的四个环节中，教师和学生轮流设计、组织和实施讨论、分享相关资源和进行学习活动。3 ～ 5 名学生自由组成一个学生学习团队，共同设计每周讨论。他们集体决定一个讨论主题，选择阅读材料，并设计活动。随后，一名成员使用谷歌文档为该团队创建一份课堂讨论文件，并与教师共享该文件。根据文件中的内容，教师会提供一些关于讨论设计的建议。学生们根据教师的反馈，继续修改活动的设计和资源的组织。教师和学生们一直保持沟通，直到讨论设计完成。总之，学生和教师保持相互沟通，以设计、确定和实施讨论。

社会参与转换：在社会参与转换的三个环节中，教师和学生们轮流建立一个社会性的、支持性的在线学习环境。教师和学生们首先在互动、沟通和合作的指导方针上共同创建一个课程章程。然后，根据指南为社会学习环境的建设做出贡献。最后，教师在反思中感谢学生们坚持建立一个在线学习共同体的指南。学生们认为，共同创建课程章程对于建立一个社会支持环境是有效的。总之，教师和学生们采取了联合行动来形成一个社会性的、支持性的学习环境。

认知、教学和社会参与的交织转换：与前面三种类型的参与转换相比，认知、教学和社会参与的交织转换产生了更具协同作用的师生合作伙伴关系。在这种转换中，教师和学生们完成了一个“设计—探究—再设计—探究”的讨论周期，并得到了相互之间的社会支持。具体流程为：教师先设计一周的讨论主题，并根据学生的兴趣调整下一周的讨论主题，以促进更深入的探究。社会参与与认知和教学参与交织在一起，起到维持互动交流的作用。通过认知、教学和社会参与的交织转换的示例，可以看到教师提出了一个“在线学习共同体”的话题，然后，几个学生讨论了在线和面对面环境中学习共同体的概念（第一轮）。随后教师也参与了讨论，并引入了具身化的概念来区分在线共同体和面对面共同体（第二轮）。多名学生表示有兴趣了解更多关于具身概念的知识（第三轮）。考虑到学生的兴趣，教师在下周的课堂议程中加入了一篇关于“具身化”的论文（第四轮）。于是教师重新设计了下周讨论主题的一部分，以激发学生对这个新兴主题的深入思考。下一周学生们继续分享、构建关于“具身化”主题的知识（第五轮），教师在反思中感谢了学生们的贡献，并总结了新引入的具身化概念（第六轮）。在总结视频中，教师提供了更多关于具身化概念的信息（第七轮）。此外，社会学习环境的建立过程与大多数认知和教学参与交织在一起，这有助于建立社会纽带，增强联系和凝聚力。总之，这种认知、教学和社会参与的交织表明教师和学生们走向了一种更具协同性的合作伙伴关系。

本研究使用的内容分析具体包括定量内容分析和定性内容分析。在定量内容分析方法中，研究者在前人研究的基础上修改并应用 CoI（认知、教学和社交）编码框架，对转录后的教学音频和视频文本数据及异步讨论数据以段落为分析单位进行编码。通过使用定量内容分析，研究分析了教师和学生在学习、教学和社交过程中的参与频率。其次，在定性内容分析方法中，研究者选择转换次数为 5 次及以上的互动路径并进行定性分析，以研究教师和学生之间在特定主题上的认知、教学和社会参与是如何转变的。

四、教学及研究启示

实证研究结果显示，师生合作伙伴关系包括师生积极参与、师生持续地参与行动及师生感知到的协作有效性。首先，从参与频率的角度来看，教师和学生为认知、教学和社会参与做出了积极贡献，这为建立协同合作伙伴关系奠定了基础。其次，从参与行动角度来看，教师和学生们轮流进行认知、教学和社会参与行动，师生们保持着相互交流，共同分享、建构和反思观点，他们共同设计、协商和组织讨论，并采取行动形成社会学习环境。最后，从参与者感知的角度来看，大多数参与者感知到一种真实、有效的在线学习共同体。

从理论的角度看，教师和学生的合作伙伴关系不是固定的、静态的，而是动态的、发展的。积极的个人参与是发展合作伙伴关系的前提条件，但仅通过个人参与不能促成协同合作伙伴关系。参与者的认知、教学和社会参与影响其他参与者的后续参与，这进一步影响到轮流行动或讨论。因此，教师—学生合作伙伴关系被概念化为当双方共同构建设计、学习和教学以实现共同目标时，双方之间共享、渐进、协同地工作的关系。

从分析的角度来看，内容分析方法有助于在设计、教学和学习过程中，从定量和定性的角度全面地分析师生合作伙伴关系。未来的工作可以将传统的定性研究方法（如观察、访谈、调查、反思）与新的学习分析方法（如社会网络分析、内容和话语分析、时间和顺序分析）相结合，分析师生合作伙伴关系。

从教学的角度看，建立教师—学生合作伙伴关系是一种新的、具有挑战性的工作，为培养这种合作伙伴关系，教师可以放弃教学设计、指导和评估的部分控制权，让学生拥有更多的主动权。就像 Danielle 在本课程中所做的那样，教师可以为学生提供共同协商学习过程和目标。当学生对学习设计和促进过程有发言权，将自己视为学习过程的设计者和创造者，并实际参与整个设计、学习和指导过程时，他们可能更倾向于采取主动行动来改善学习。此外，本研究结果表明，社会性话语的使用有助于促进话语轮换，建立社会纽带，并创造一个互相信任和支持的环境。

第三节　社会网络分析与内容分析创新结合方法：检查在线讨论中学生的社会参与角色及其认知参与水平之间的关系

一、研究简介

本实例选取 Ouyang 和 Chang 2019 年发表于 *British Journal of Educational Technology* 的一项研究，名为“The relationships between social participatory roles and cognitive engagement levels in online discussions”。该研究创新性地结合社会网络分析与内容分析，追踪学生个体的社会互动模式和认知参与水平，并进一步了解社会互动和认知参与之间的关系，弥补了传统统计性和总结性方法无法揭示细节变化的缺陷。研究环境为美国中西部一所研究型大学在 2014 年春季开设的一门在线研究生课程（14 周），这门课程主要由在 Ning 论坛上进行的开放式、探究式讨论组成。在线课程讨论中，教师要求学生提出想法和观点、回答问题，并在他人想法的基础上进行批判或反思。本研究的数据集来源于课程中的所有异步讨论文本，包括三个由教师主持的讨论（即讨论 1、讨论 2 和讨论 3）和三个由学生主持的讨论（即讨论 4、讨论 5 和讨论 6）。在教师主持的讨论中，教师设计讨论和学习活动，提供读物和资源，并在最初的讨论帖子中提出提示性问题，以推动学生思考、探究和反思。学生们则需要完成课程阅读任务和课程活动，然后在 Ning 论坛上发表评论和回复同伴的帖子。在学生主持的讨论中，4 ～ 5 名学生根据自己的学习兴趣自主组成小组，设计并主持讨论环节。学生小组集体选择一个话题，查找阅读材料和资源，并设计了相关的学习活动。然后，小组发布了包含提示性问题的初始帖子，以促进小组成员和小组以外的同学参与讨论。无论是教师主持的讨论还是学生主持的讨论，均没有要求最高或最低参与频率。

本研究目的在于通过创新结合社会网络分析与内容分析方法，进一步实证探究社会参与和社会认知之间复杂且存在争议的关系。本研究的研究问题是：学生的社会参与角色和他们的认知参与水平之间存在什么关系？研究收集了课程的异步在线讨论区的原始数据，包括与主题相关、基于文本的全部帖子。

二、具体学习分析方法：社会网络分析和内容分析的创新整合方法

本研究创新性地整合社会网络分析和内容分析，利用两种方法探究了整个课程中每个学生在每次讨论中的社会参与角色及其认知参与水平。社会网络分析（SNA）用于探究学生的社会参与角色，内容分析（CA）用于探究学生的认知参与水平。本研究还展示了不同社会参与角色下学生的认知参与情况（平均值、范围）。本研究利用社会—认知网络可视化技术进一步追踪学生个人的社会和认知参与。最后，为了佐证 SNA、CA 和统计结果，本研究展示了具有代表性的学生的社会和认知参与讨论内容。

（一）社会参与角色分析

本研究使用整合性社会网络分析方法来研究学生的社会参与角色。之前的 SNA 研究已经验证，相比传统社会网络分析方法，这种方法可以为协作学习研究提供更准确的结果。因为，它在研究社会参与角色方面结合了“检测和支持参与性角色”（DESPRO）方法和一种新兴的中心度测量技术。根据 DESPRO 方法，该研究定义了六种社会参与角色，即领导者、发起者、影响者、中介者、普通学生和边缘学生。社会参与角色划分的依据是参与度（体现在出度中心性和出接近中心性指标）、影响力（体现在入度中心性和入接近中心性指标）和中介性（体现在中介中心性指标）三个方面的水平。

度中心性包括入度中心性和出度中心性，入度中心性表示指向参与者的关系数量，出度中心性表示由参与者指出的关系数量。接近中心性表示参与者与其他参与者之间的平均距离（以最短路径衡量），反映参与者与其他参与

者交换信息的效率；可以进一步分为入接近中心性和出接近中心性，反映了参与者接受和传播信息的效率。本研究采用 Opsahl（2009）的中心性测量方法（$\alpha=0.5$）来计算这些 SNA 度量属性。

领导者具有高水平的参与度、影响力和中介性（其中至少有两项为高水平）。发起者具有高水平的参与度，但影响力和中介性处于中低水平。影响者具有高水平的影响力，但参与度和中介性为中低水平。中介者具有高水平的中介作用。普通学生具有中等水平的参与度、影响力和中介作用。边缘学生的参与度、影响力和中介作用为低水平（其中至少有两项为低水平）。

（二）认知参与水平分析

本研究利用内容分析法分析学生在讨论中的认知参与水平，共分为 3 个阶段。在第一阶段，两位作者回顾实证研究，以确定合适的编码框架。考虑到本课程讨论过程中“发帖—评论—回复”的特点，该研究把“话语变量”编码框架中的“论证”和“回复”类别确定为初始编码框架。在第二阶段，该研究经历了一个迭代分析过程来验证和修改初始编码框架。该研究对讨论 1 和讨论 4 进行独立编码，之后多次讨论分析单元，解决差异，并调整编码框架。最终，该研究确定了认知参与框架，包括三个层次的“知识探究”类别（捕捉学生初始评论中的个体认知探究）和三个层次的“知识建构”类别（捕捉学生回答中的群体知识推进）（见表 4-8）。

表 4-8　认知参与框架

类别	编码	等级	描述
知识探究	低水平知识探究（SKI）	1	参与者探索了与讨论主题有关的资料，但没有明确的属于自己的观点、论证或思考。
	中等水平知识探究（MKI）	2	参与者提出了自己的观点、论证或思考，但没有详细的阐释说明或提供可支持论点的相关资源、统计实证结果或个人经验等信息。
知识探究	高水平知识探究（DKI）	3	参与者提出了自己的观点、论证或思考，并辅以详细的阐释说明或提供了可支持论点的相关资源、统计实证结果或个人经验等信息。

续 表

类别	编码	等级	描述
知识建构	低水平知识建构（SKC）	1	参与者只简单地发表了自己的态度（支持与否）、提问或寻求解释，而没有明确的属于自己的观点、论证或思考。
	中等水平知识建构（MKC）	2	参与者拓展了他人发表的观点、论证或思考内容，并辅以详细的阐释说明或提供了可支持论点的相关资源、统计实证结果或个人经验等信息。
	高水平知识建构（DKC）	3	参与者对他人发表的观点、论证或思考内容在拓展的基础上还进一步联系、整合和深化，并辅以详细的阐释说明或提供了可支持论点的相关资源、统计实证结果或个人经验等信息。

分析单元根据内容的意义划分，即一个分析单元可以由多个段落组成或一个段落可以包含多个意义单元。在第三阶段，该研究划分数据集的剩余部分，进行独立编码，并计算了 Cohen's Kappa 评分者间信度：SKI: k = 0.945; MKI: k = 0.910; DKI: k = 0.920; SKC: k = 0.945; MKC: k = 0.930; DKC: k = 0.905。

（三）社会—认知网络可视化

不同于传统的社会网络可视化只展示社会关系（学习者之间的关系或者学习者和内容之间的关系），社会—认知网络可视化技术可以同时展示社会互动（如参与角色、网络位置、互动频率）和认知参与（如知识探究、知识构建）（如图 4-4）。这种创新的社会—认知网络分析方法可以追踪学生个体的社会互动模式和认知参与水平，有助于进一步理解学生社会互动和认知参与之间的关系。这是统计性和总结性研究方法所不具备的优势。本研究利用 R 的 sna 工具包计算得到度中心性、入度中心性、出接近中心性指标、入接近中心性指标及中介中心性指标后，确定学生的参与角色，并利用内容分析方法获得个体学生的认知参与水平。最后，利用 R 的 gplot 工具包绘制社会—认知网络。

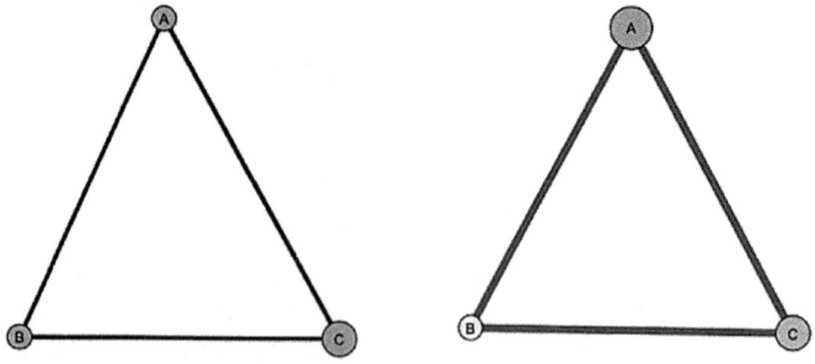

（a）传统社会网络　　（b）创新社会认知网络

图 4-4　传统社会网络和创新社会网络对比

三、学习分析结果

6 次讨论共包含 120 名学生（20 名学生 ×6 次讨论），其中 113 名学生参与了课程讨论。在这 113 名学生中，有 18 位（15.9%）领导者、15 位（13.3%）发起者、16 位（14.2%）影响者、6 位（5.3%）中介者、33 位（29.2%）普通学生及 25 位（22.1%）边缘学生。编码后共得到 787 个认知参与代码，包括 255 个（32.4%）DKI 代码、239 个（30.4%）MKC 代码、158 个（20.1%）MKI 代码、87 个（11.0%）SKC 代码、36 个（4.6%）DKC 代码及 12 个（1.5%）SKI 代码。

方差分析结果表明，社会参与角色对 MKC（$F = 4.54$，$p<0.001$）、DKI（$F = 3.81$，$p<0.01$）和 MKI（$F = 3.54$，$p<0.01$）具有显著性。领导者和发起者在 MKC 上的平均得分最高（平均 4.00 分），发起者在 DKC 上的平均得分最高（平均 0.80 分），影响者在 DKI 上的平均得分最高（平均 3.00 分），中介者在 MKI 上的平均得分最高（平均 2.00 分），边缘者在所有认知参与水平上的平均得分最低。

此外，方差分析结果表明，社会参与角色对加权 KI（$F = 4.55$，$p<0.001$）和加权 KC（$F = 8.77$，$p<0.001$）具有显著性。在加权 KI 方面，影响者平均得分最高（平均 12.00 分），其次是中介者（平均 10.83 分）和普通学生（平

均 10.82 分）。在加权 KC 方面，领导者平均得分最高（平均 11.56 分），其次是发起者（平均 11.33 分）。而边缘学生在加权 KI 和加权 KC 上的平均得分都是最低的。

社会—认知网络的结果揭示了学生个人的社会参与角色、认知参与水平及它们之间的关系（如图 4–5）。

首先，一些活跃的学生在整个讨论过程中一直扮演积极的社会参与角色，并且在整个课程中具有中高水平的认知参与度。例如，学生 R 在 6 次讨论中都扮演了领导者角色，他的加权 KI（9.83 分）和加权 KC（13.83 ）平均得分在所有学生中处于高水平。而一些活跃度低的学生则始终扮演不活跃的社会参与角色，并且认知参与度低。例如，学生 D 在其中 4 次讨论中扮演边缘学生角色，在另外 2 次讨论中扮演普通学生角色，他的加权 KI（8.50 分）和加权 KC（2.17 分）在所有学生中处于低水平。

其次，发起者通常通过同伴互动对群体知识建构做出巨大贡献（例如，讨论 2 中的学生 F 的加权 KC 得分最高，为 26.00）。而影响者是整体知识探究最主要的贡献者（例如，讨论 3 中的学生 S 的加权 KI 得分为 11.00）。并且很少有学生作为中介者，作为讨论的桥梁连接两个小组，这意味学生形成了凝聚的社会网络。总体来说，中介者对群体知识探究和知识构建具有中等水平的贡献。

最后，社交活跃的学生和边缘学生的认知参与水平也有例外情况。一些领导者在最初的评论帖子中没有对知识探究做出任何贡献（例如，领导者 R 和 C 在讨论 4 中的加权 KI 分数为 0），而一些边缘学生则进行了高水平的知识探究（例如，边缘学生 T 在讨论 4 中的加权 KI 分数为 12.00）。一些不活跃的学生，如学生 C（在讨论 3 中扮演边缘学生角色，在讨论 2 和讨论 5 中扮演普通学生角色）和学生 N（在讨论 1 和 6 中扮演边缘学生角色，在讨论 2、讨论 3 和讨论 5 中扮演普通学生角色）在讨论 4 中表现出了活跃的领导者角色，对加权 KI 和加权 KC 具有高水平的贡献。进一步的研究表明，学生 C 和学生 N 是讨论 4 的设计者和主持者。

本研究将社会网络分析与内容分析两种方法创新结合，其中社会网络分析用于检查学生的社会参与角色，内容分析用于检查学生的认知参与水平。这种创新的社会认知网络表示可以同时展示学生个体的社会互动（如参与角色、网络位置、互动频率）和认知参与（如知识探究、知识构建），有助于进一步了解社会互动模式和认知参与水平之间的关系。

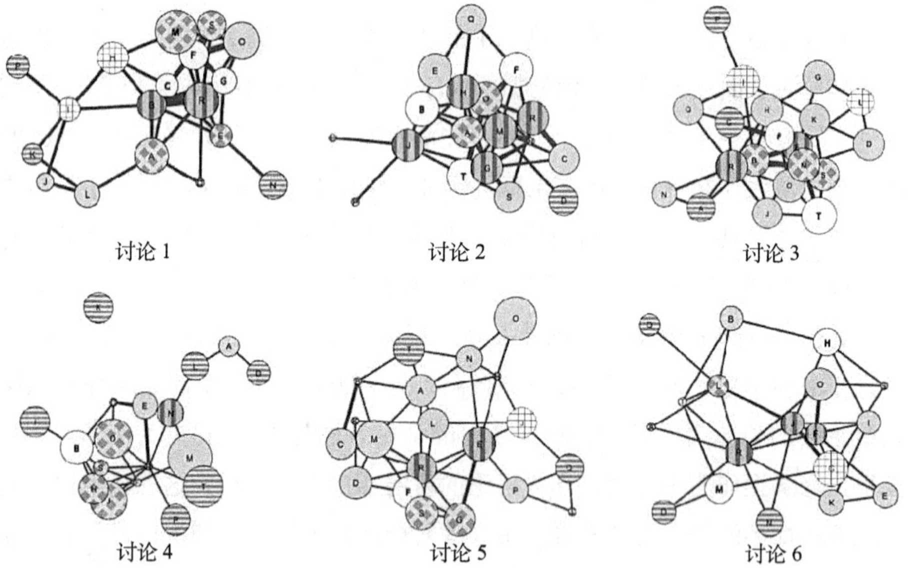

图 4-5　社会—认知网络

注：节点大小代表学生在初始评论中的加权 KI 分数；两个学生之间的边宽度代表同伴互动期间的加权 KC 分数；节点底纹代表学生的社会参与角色（▥—领导者，▩—影响者，□—发起者，▦—中介者，▨—普通学生，▤—边缘学生）。

四、教学及研究启示

本研究使用多种方法来检验在线讨论中学生的社会参与角色与认知参与水平之间的关系。结果表明，社会参与角色是认知参与水平的一个关键指标。与不活跃的学生相比，活跃的学生对知识探究和知识建构的贡献更大。此外，学生倾向于在整个讨论过程中保持社会认知参与模式。为学生分配领导者角色（如学习设计者和促进者）可以使不活跃的学生从不活跃参与转变为积极参与。基于该结果，本研究提出了对协作学习理论、教学支持和工具开发的启示。

在激发学习者能动性方面，学习者的能动性体现在学习者的学习意向性和他们采取学习的行动力上。结果表明，活跃的学生倾向于采取行动、发起同伴互动并为知识建构做出贡献。起初没有强烈学习意向的不活跃学生在担任领导角色后，也成功地从不积极参与转变为积极参与。因此，当学生将自己视为学习过程的创造者时，他们更倾向于采取行动来领导和参与协作学习过程。

在提供教学支持方面，从自上而下、教师主导的教育转变为自下而上、学生主导的学习，可以培养学生的学习意愿、自主性和责任感。研究表明，当教师鼓励学生参与顶层设计和决策时，一些学生会自主地从边缘的、不活跃的参与者转变为积极的领导者。因此，为了提高学习质量，教师应该转变教学理念（例如，放弃对学习过程的一些高层控制），帮助学生增加学习能动性（例如，分配给学生领导者的角色，使他们设计和领导课堂），并促进创造性的深度学习（例如，从知识探究转向知识创造范式）。

在工具设计方面，协作学习工具应努力提供社会和认知信息。大多数现有工具仅提供与关系相关的信息，例如社交交互信息（如网络可视化、中心性指标、参与角色）或与行为相关的信息（如联系人数量、在线时间、接收和提供的消息数量）。而与知识相关的信息（如学习者的知识贡献、学习兴趣或目标）通常无法从这些学习工具中获得或仅部分获得。认知相关信息的缺乏可能会阻碍学习者能动性的发展。例如，一些边缘学生确实通过初步评论进行了深层次的知识探究，但没有得到足够的同伴反应来进一步进行知识建构。当这些学生只和同伴进行低水平社会互动时，他们采取行动以进一步参与社会认知的动力可能会受到阻碍。如果向学生提供社交和认知信息，他们会更好地了解自身的学习过程，这是迈向更好的自我调节的第一步。因此，研究者有必要进行基于设计的研究，使设计、应用和评估可以在协作学习中提供社交和认知相关信息的实时反馈的工具。

第四节 内容分析与认知网络分析整合实例：社会—认知网络分析在学生在线讨论中的应用

一、研究简介

本实例选取 Ouyang 和 Dai 2022 年发表于 *Australasian Journal of Educational Technology* 的一项研究，研究名为“Using a three-layered social-cognitive network analysis framework for understanding online collaborative discussions”。该研究整合内容分析、社会网络分析及认知网络分析三种混合式学习分析方法研究学生在在线讨论环境下的社会互动和认知结构，并探究学生的社会参与水平及其认知参与之间的关系。研究环境是浙江大学在 2020 年春季和夏季学期开设的本科生现代教育技术课程。课程重点是学习理论、教学设计、教育技术、新兴工具和其他具有发展前景的话题。由于新冠疫情的影响，所有课程以在线形式在在线学习管理系统“学在浙大”和视频会议软件钉钉中进行。参与者是 69 名本科生，其中 51 名女生、18 名男生。在课程实施中，首先由教师进行在线授课，然后学生进行班级层面的同步讨论。在每周的课程结束后，教师设计了两个课后学习活动：前 8 周，学生被随机分成 3 个大组，每周课程结束后，在“学在浙大”论坛上进行异步在线讨论。后 8 周，学生被分成 18 个小组，完成有关新兴教育技术主题的协作写作活动；学生在钉钉中建立小组，以同步的形式讨论有关主题。在教学中，教师采用知识建构教学法促进学生参与讨论。例如，在论坛讨论中，教师发布几个与每周主题相关的开放式提示问题，要求学生阐述自己的观点，并鼓励学生对他人的观点进行建构、批判或反思。在班级层面的同步讨论中，教师也使用类似的教学法提高学生的参与度；在小组层面的同步讨论中，教师鼓励学生在教师不在场的情况下，使用知识建构教学法完成协作工作。

该研究的目的是多维度、深入地理解在线协作讨论中学生的社会参与和认知参与之间的关系，然后在实证研究的基础上明确其在理论、教学和分析方面的意义。研究问题是：在在线协作讨论中，学生的社会参与角色和认知参与水平之间存在什么关系？该研究收集了整个课程中的在线讨论数据，包括第 1 ～ 16 周的班级同步讨论数据、第 1 ～ 8 周的“学在浙大”论坛异步讨论数据、第 9 ～ 16 周的钉钉小组同步讨论数据（不要求学生发布特定数量的回复或评论）。整个数据集包括 1068 次学生之间的互动和 2472 条评论。本研究以每两周为一个阶段，将数据集分为八个阶段，包括八个带有评论内容的学生—学生直接互动矩阵（隐去了学生的真实姓名）。

二、具体分析方法：整合的社会网络分析、内容分析和认知网络分析

（一）确定每个学生在每个阶段的社会参与角色

学生每个阶段的社会参与角色反映他们的社会参与度水平。利用社会网络分析确定学生社会参与角色的方法已经得到验证。该研究利用社会网络分析的度量属性，即出度中心性、入度中心性、出接近中心性、入接近中心性和中介中心性，确定学生的六种社会参与角色，即领导者、发起者、影响者、中介者、普通学生和边缘学生。该方法与上一案例类似。下一步是依据高、中和低水平的参与度（体现在出度中心性和出接近中心性指标）、影响力（体现在入度中心性和入接近中心性指标）和中介性（体现在中介中心性指标）确定学生的六种社会参与角色。当一个学生的中心性属性在 0% ～ 20% 范围内，则被认为是低水平；在 21% ～ 80% 范围内，则被认为是中等水平；在 81% ～ 100% 范围内，则被认为是高水平。该研究依据学生中心性属性的分数和范围确定了每个阶段学生的社会参与角色。领导者具有高水平的参与度、影响力和中介性（其中至少有两项为高水平）。发起者具有高水平的参与度，但影响力和中介性处于中低水平。影响者具有高水平的影响力，但参与度和中介性为中低水平。中介者具有高水平的中介作用。普通学生具有中等水平的参与度、影响力和中介作用。边缘学生的参与度、影响力和中介作用为低水平（其中至少有两项为低水平）。

（二）确定每个学生在每个阶段的认知参与水平

该研究基于之前已经验证过的编码框架，即包括三个层次的“知识探究”类别（捕捉学生初始评论中的个体认知探究）和三个层次的“知识建构”类别（捕捉学生回答中的群体知识推进），采用内容分析方法来确定学生评论内容的认知参与水平。分析单元是同步讨论中一个完整句子或论坛中异步讨论的一个段落。三位有经验的研究者分别对整个数据集进行编码，并达到了 Cohen's Kappa 值为 0.895 的评分者间信度。第一作者检查了有争议的编码并确定了最终编码。之后，该研究计算了认知参与水平的加权得分，包括加权知识探究（KI）得分（KI 得分 = SKI*1 + MKI*2 + DKI*3）和加权知识建构（KC）得分（KC 得分 = SKC*1 + MKC*2 + DKC*3）。最后，该研究整合学生之间的直接交互（即谁回复谁）、评论或回复的内容、每个学生每个阶段的社会参与角色、每条评论的认知参与编码等信息，创建 8 个数据集（每个数据集对应一个阶段）。该方法也与上一案例阐述的方法类似。

（三）检查社会参与角色与认知参与水平之间的关系

该研究提出以时间和阶段为线索的社会—认知网络分析框架，并应用它来检验社会参与角色和认知参与水平之间的关系。该分析框架整合了内容分析和认知网络分析多种方法，从总结性和认知性的角度探究不同社会参与角色的学生的认知贡献。认知网络分析使用特定的算法来确认和计算给定文本中概念、关键词或观点之间的联系，并将其在动态网络模型中可视化，显示这种联系的结构和强度随时间发生的变化。ENA 认为，知识和技能不是独立出现的，而是在学习中建立了某种联系。认知要素之间的连接结构比单独出现的要素更为重要。因此，与“编码和计数”的方法相比，认知网络分析可以探究知识、技能及其他要素之间的连接结构，这也是协作学习过程的特点。社会认知网络可视化则用来展示社会互动（如参与角色、网络位置、互动频率）和认知参与（如知识探究、知识构建）。这种创新的社会—认知网络表征可以帮助跟踪学生个体的社会互动模式和认知参与水平。

三、学习分析结果

（一）总结层面

内容分析后共得到4473个编码，其中976个SKI（21.82%）、1727个MKI（38.61%）、309个DKI（6.91%）、500个SKC（11.18%）、773个MKC（17.28%）、188个DKC（4.20%）。八个阶段共有484位参与者，其中领导者74人（15.29%）、发起者26人（5.37%）、影响者30人（6.20%）、中介者34人（7.03%）、普通学生93人（19.21%）、边缘学生227人（46.90%）。

方差分析结果表明，六种社会参与角色在SKI（F=27.76，p<0.001）、MKI（F=40.62，p<0.001）、DKI（F=10.11，p<0.001）、SKC（F=11.13，p<0.001）、MKC（F=44.22，p<0.001）和DKC（F=4.37，p<0.001）上存在显著差异。此外，社会参与角色在加权KI（F = 53.17，p<0.001）和加权KC（F = 62.58，p<0.001）上存在显著差异。对于加权KI，领导者和影响者、领导者和边缘学生、中介者和影响者、中介者和边缘学生、普通学生和影响者、普通学生和边缘学生、发起者和边缘学生之间的SKI存在显著差异（p<0.001）。对于加权KC，领导者与边缘学生、影响者与边缘学生、中介者与边缘学生、发起者与边缘学生、普通学生与边缘学生之间存在显著差异。

协方差结果表明，以“阶段”作为协变量，六种社会参与角色在六种认知编码上存在显著差异，即SKI（F = 29.48，p<0.001）、MKI（F = 54.55，p<0.001）、DKI（F = 11.97，p<0.001）、SKC（F = 12.10，p<0.001）、MKC（F = 45.32，p<0.001）和DKC（F = 4.40，p<0.001）。

（二）认知层面

从认知的角度来看，领导者、发起者、影响者和中介者的认知结构从前期以知识探究为主转变为后期以群体知识建构为主（如图4–6）。例如，领导者在前期和后期具有不同的认知结构。第一至第四阶段，领导者的SKI和MKI、MKI和MKC具有强共现关系，而第五至第八阶段，领导者的SKI和SKC、SKI和MKC、SKC和MKC具有强共现关系。因此，领导者的认知结构从前期到后期发生了由知识探究为主到知识建构为主的转变。发起者在第一和第三阶段的认知结构中，MKI 和 DKI、MKI 和 MKC、DKI 和 MKC 具有强共现关系。第四和第五阶段发起者具有相似的认知结构，在“知识探究”类别和“知识建构”类别之间的编码具有强共现关系。在第七和第八阶段同样具有相似的认知结构，SKI 和 SKC、SKI 和 MKC、MKI 和 MKC 具有强共现关系。因此，与领导者一样，发起者的认知结构往往从前期的知识探究为主转变为后期的知识建构为主。影响者在第一至第四阶段在 SKI 和 MKI 上具有强共现关系，在第五至第八阶段在 SK 和 MKC 上具有强共现关系。因此，影响者的认知结构也从前期以知识探究为主到后期以知识建构为主。虽然在第二和第四阶段没有中介者角色，但第一和第三阶段中介者在 SKI 和 MKI 上具有强共现关系，后期阶段认知结构以知识建构为主。因此，与影响者一样，中介者的认知结构也从前期的知识探究为主到后期的知识建构为主。

相比之下，普通学生和边缘学生的认知结构从高水平（如 DKI）逐步转变为低水平（如 SKI）。与第一阶段和第二阶段相比，普通学生在后期的认知结构非常相似，特别是在第五至第八阶段。具体表现为：普通学生前期在 MKI 和 DKI 上具有强共现关系，到了后期转变为 SKI 和 MKI 具有强共现关系。因此，在整个课程中，普通学生的认知结构减弱了。边缘学生的认知结构也有所减弱。他们在第一至第四阶段中，SKI 和 MKI 具有强共现关系，而后四个阶段共现关系减弱。

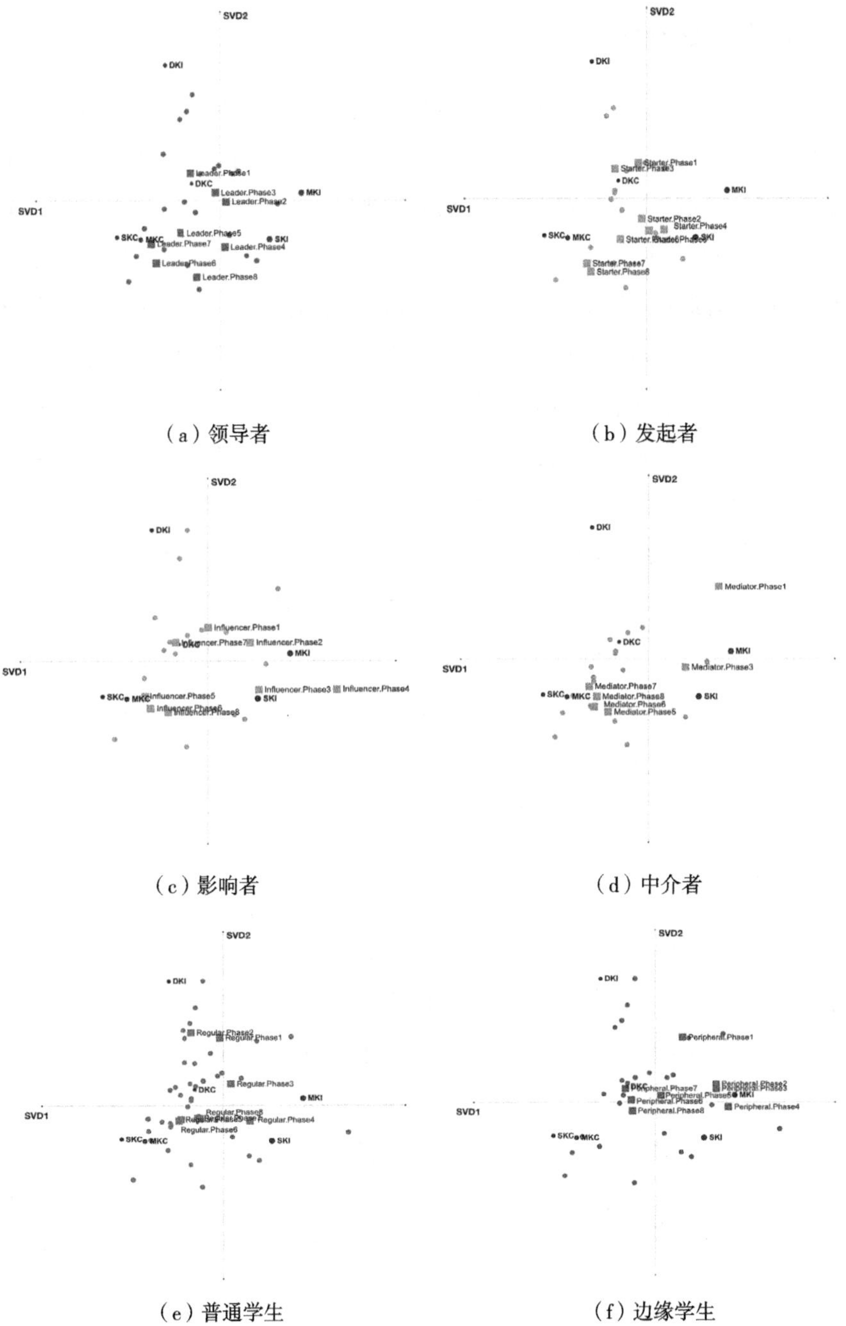

（a）领导者　（b）发起者

（c）影响者　（d）中介者

（e）普通学生　（f）边缘学生

图 4-6　各角色在八个阶段的认知网络分析

四、教学及研究启示

本研究确定了学生的六种社会参与角色和六种角色的学生在八个阶段渐进式发展过程中的认知结构，从总结性和认知性层面探究社会参与角色和认知参与角色之间的关系。实证研究结果表明，学生的社会参与水平对认知参与水平具有预测作用。活跃的学生的认知结构倾向于转变为以群体知识建构为主，而不活跃的学生则始终维持以个体探究为主的认知结构，并且认知水平呈现不断下降的趋势。因此，通过提高学生的学习意向性、自主性和责任感来促进高质量的协作讨论是至关重要的。

除了在学生层面采取措施促进协作，教师也应当转变教学理念。相比于教师主导的教学过程，学生自主的协作学习可以培养学生的学习意向性、自主性和责任感。研究表明，活跃的学生往往加强了他们的群体认知结构，而不活跃的学生则减弱了个体认知结构。为了提高协作学习的质量，指导教师应将对教学的过度控制转变为以学生为中心的教学，培养学生的能动性。以往的研究表明，赋予学生自主设计和领导学习活动的权利，可以培养学生的主体意识和执行意识。

协作学习是一个复杂的过程，涉及社会、认知和行为三个维度。因此，本研究整合应用内容分析和认知网络分析方法，在时间维度上研究学生社会角色和认知结构的关系。针对某一维度的学习分析通常使研究者难以全面了解学习者的学习过程，从而很难为后续教学和学习提供有针对性和参考性的建议。例如，一些边缘学生在初始评论中进行了深层次的知识探究，却没有得到同伴积极的回复，从而很难进一步进行知识建构。如果忽略不活跃学生的高质量评论，只从社会互动的角度对他们进行评价，那么他们接下来采取社会认知参与行动的积极性可能会受到打击。如果教师能够发现这一现象并对学生进行相应的引导，那么学生就会在学习过程中产生更强烈的自我意识，开始进行自我调节。因此，研究者应当以多种方法，从多角度分析协作学习，培养学生对协作学习过程的认识和反思，提升其协作学习、领导和设计能力。

第五节　事件序列分析：分析教师支架对协作问题解决的影响作用

一、研究简介

本实例选取 Ouyang 等 2022 年发表于 *International Journal of Educational Technology in Higher Education* 的一项研究，研究名为“Exploring the effect of three scaffoldings on the collaborative problem-solving processes in China's higher education”。该研究整合内容分析、鼠标点击流分析及事件序列分析，分析学生在三种支架下协作解决问题过程中的在线语言和电脑操作行为，并利用滞后序列分析方法研究学生认知、元认知和行为之间的转换序列模式，以理解三种教师支架对协作问题解决的影响作用。研究环境是浙江大学的“远程与在线教育”研究生课程，该课程在 2020 学年春季学期开展，共 8 周，授课教师（第一作者）设计并主持了在线协作问题解决活动，共有 3 个小组参与解决教师设计的真实问题。由于新冠疫情影响，授课和协作均在线上开展。课程共有 8 个非结构化、开放式的问题，涵盖了不同的学科、学生年龄和教育背景。案例主题包括了在线教学设计，如同步讨论、数学协作式项目、编程、工程、地理等。研究同意书通过 ET 项目的社交媒体（微信群）发送，邀请学生参与研究。10 名参与者自愿参与并同意数据收集；1 名参与者在学期中退出，不被计入研究范畴。

8 周的 CPS 活动设计遵循基于问题的学习循环的原则：学生首先分析问题情景，然后确定问题的关键或解决问题所需的知识，再通过使用概念图提出可能的解决方案，最后对在协作过程中应用或创造的知识进行反思。提供的问题都是无标准解决方案的非结构化问题。准实验设计分为两个阶段。前 4 周为起始、预热阶段，学生熟悉协作流程、在线平台和小组协作。因为先前的研究表明中国学生更习惯在高度结构化的程序中学习，而不是以小组形式进行开放式的协作探究。教师在起始阶段会为所有小组提供基本支架（如提供相关资源、解释基于问题的学习步骤、解决技术问题、提醒剩余时间等）。后 4 周为实验阶段，对照组（A 组）采用最小指导支架（MS），实验组 I（即 B 组）采用任务导向支架（TS），实验组 II（C 组）采用想法导向支架（IS）。A 组为对照组，教师为学生提供最小限度的指导，学生保持与起始阶段相同的常规 CPS 练习。实验组 B 使用以任务为导向的支架，教师会提供关于问题关键点和子任务的相关建议。教师每隔 10 分钟以音频和文本形式在在线平台上提供支架。支架内容包括：总体目标是……；我们的小组计划通过步骤 1……、步骤 2……及步骤 3……完成任务；我们的策略是……来完成任务 1、任务 2、任务 3……；目前，我们聚焦于以下想法 / 问题 / 解决方案……；我们做得好的地方是……；我们可以改进的地方是……；当前我们实现目标的进展……；我们下一步要做……。实验组 C 使用想法导向支架，教师会要求学生提供解释他们想法的依据（如能支持问题解决的学习理论或教学模式），并探究、提出能解决问题的理论或指导框架。教师每隔 10 分钟以音频和文本形式在在线平台上提供支架。支架内容包括：现在的想法是否新颖？能否对现有的想法或框架进行改进？想法是否相关？想法是否足够具体，是否可行，能否解决问题？两种支架的关键区别在于：想法导向支架运用以想法为中心的知识建构教学法，辅助学生基于选择的理论或教学框架提出新的解决办法；任务导向支架只提醒学生通过多个步骤完成概念图，而不是聚焦以想法为中心的知识构建。

研究使用会议桌（https://www.huiyizhuo.com/）作为协作平台。会议桌具备文字聊天、语音和视频通话、概念图绘制、注释和评论、资源共享等功能。在 CPS 活动中，小组成员首先通过音频和文本进行交流，确定如何解决问题；然后，小组共享资源，继续交流并构建概念图展示解决问题的过程；最后，小组将解决方案作为独立板块写在平台上。概念图为小组理解问题、讨论协商想法、多视角呈现观点、发现误解、最终达成小组解决方案共识的主要媒介。

本研究的研究目的是探究最小支持、任务导向、想法导向三种教师支架对学生协作产生的影响。为研究不同支架的效果，本研究设计并实施了由在线技术平台支持的协作式问题解决活动。研究的问题是：最小指导、任务导向和想法导向的支架对小组的 CPS 过程的影响有何不同？研究使用三种数据收集方法。原始数据为有音频的电脑录屏（约 1.5 小时 / 组 / 周）、各组的概念图、解决方案文档和每周 CPS 活动后的问卷数据。原始数据（有音频的电脑录屏）被转录为 12 个 Excel 文件（每组 4 个），记录学生在线语言和行为。研究采用多种分析方法，从社交、认知、元认知和行为维度研究小组协作。

二、具体分析方法：内容分析、点击流分析和事件序列分析

首先，研究使用内容分析法研究三个小组的认知和元认知特征。参照先前研究（Ouyang & Chang，2019），本研究使用内容分析法分析了协作中学习者在认知维度的浅、中、深层次的知识贡献，元认知维度中调节的任务理解、目标设定、监控和反思。内容分析以句为单位（即参与者所说的完整句子）。若认知或元认知同时出现在学生话语中，则可以分配多个编码。

接下来，研究使用点击流分析法（CSA）分析行为层面的资源管理、概念图制作和观察行为。行为分析以参与者在平台上的鼠标点击或移动为单位。小组的认知、元认知、行为编码按时间顺序保存在 Excel 文件中。整个分析过程经过了几轮迭代。第一作者先基于第 5 周的转录数据进行编码，提出初始的编码框架；另外四位作者使用初始的编码框架对第 5 周数据重复编码，并对编码中的分歧进行多次讨论，确定了最终的编码框架（见表 4-9）。本阶段四位作者的 Krippendorff's alpha 系数为 0.735。最终，所有作者对数据进行独立编码，交叉检查结果，无法统一的编码在与第一作者讨论后确定。最后，研究使用滞后序列分析分析认知、元认知和行为的出现顺序，包括编码间直接（lag=1）和间接（lag=2）转化。所利用的工具是 R 中的 LagSeq 包，研究聚焦三个维度（认知、元认知、行为）之间的转化及各维度内部三个编码转化。三个维度间有 9 种可能的转化模式，各维度内也有 9 种可能的转化模式。基于对 12 个 Excel 文件数据的检查，总数据量满足超过转化单元数量 10 倍的要求。Yule's Q 值用于计算一个编码转化为另一编码的强度。Yule's Q

表示编码间转化的关联强度，它控制了贡献的基数且具有描述功能（数值范围为 -1 ～ 1，0 代表没有关联）。为探究不同小组模式的差异，研究特别对三种转化顺序进行探究，包括三个维度间的转化、每个维度下 3 个编码的转化，及三个维度 9 种编码间的转化。

表 4-9　内容分析维度和描述

维度	编码	描述	举例
认知	浅层（KS）	参与者只是简单地分享信息，提出（不）同意的意见，提出问题，或寻求澄清，而没有明确说明自己的想法、论点或观点。	这是什么意思……？ 是的，我同意你的观点。
	中层（KM）	参与者阐述自己的想法、论点或观点，没有详细的解释、资源支持、统计数据或个人经验。	我觉得……这只是一种不同的学习活动。
	深层（KD）	参与者通过详细的解释、资源支持、统计数据或个人经验明确阐述自己的想法、论点或观点。	我认为学生需要在生活中应用这些知识，以便理解它们……因为应用过程可以帮助他们理解……
元认知	理解任务（TU）	参与者激活以前关于任务和内容的知识，思考任务的目的，确定这项任务应该做什么？阅读和解释问题或指示。	我们需要首先定义该主题的概念……
	设定和计划目标（GSP）	参与者思考需要哪些文件和资源，计划或划分任务，计划并讨论下一步该怎么做。	我们要把它分成三个层面……首先，我们需要……
	监控和反思（MR）	参与者监督和评价为任务设定的标准的进展情况，评价为完成任务设定的时间安排；总结已经完成的工作和需要完成的工作。	关于这个问题，我认为我们所做的仍然是同样的事情，我们需要打破这种思维方式。
行为	管理资源（RM）	参与者在平台上或通过互联网搜索、分享或阅读资源。	我找到一篇关于我们主题的文章。 这篇学术文章是关于……
	绘制概念图（CM）	参与者创建、修改或评论概念图。	通过会议桌功能创建一个概念图。
	观察（OB）	参与者在平台上移动鼠标进行观察，没有任何操作。	在会议桌平台上移动鼠标但不说话。

三、学习分析结果

4 周的 4 次 CPS 活动中，三个组在社交、认知、元认知和行为层面贡献的总体对比情况以箱形图呈现（如图 4-7），所利用的工具是 R 中的 reshape2/ggplot2 包。A 组的社交和认知贡献水平最低；B 组的认知和行为贡献水平最高，元认知贡献水平最低；C 组的社交和元认知贡献水平最高，行为贡献水平最低。结果表明，三组的协作特征十分复杂。为更好地理解协作模式，研究对各维度和跨维度的序列转化开展进一步研究。

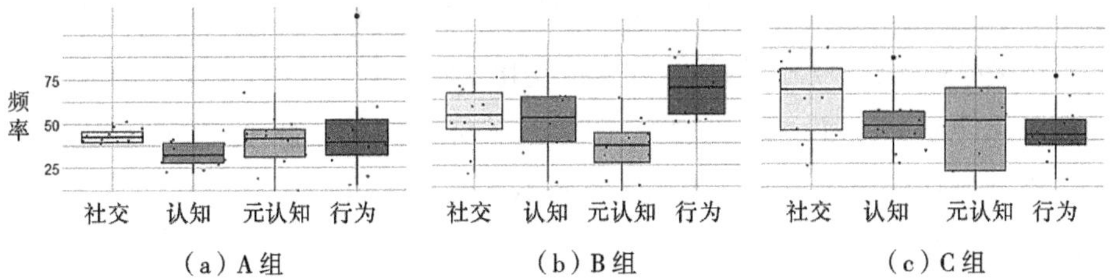

图 4-7　三组社交、认知、元认知和行为层面的频率分布

（一）认知维度

在认知维度，B 组在每周的 CPS 活动中认知贡献频率最高（Freq. = 610，M = 152.50，SD = 32.28），其次是 C 组（Freq. = 575，M = 143.75，SD = 31.62）和 A 组（Freq. = 397，M = 99.25，SD = 17.84）。序列分析结果显示，三组均存在认知维度层面的直接序列转化（Cog → Cog），C 组转化程度最高（M = 0.61，SD = 0.10），其次是 A 组（M = 0.53，SD = 0.18）和 B 组（M = 0.26，SD = 0.23）。C 组在认知维度保持较强的转化，其 SD 值较小。此外，ANOVA 和 ANCOVA 结果显示，三组在 Cog → Cog 转化上存在显著差异（$p < 0.05$），其中 C 组无论是否将时间作为协变量，其转化程度均最高。

研究进一步分析认知维度下 KS、KM 和 KD 之间的直接转化模式。三个小组均存在 KS → KS、KM → KM 的直接转化，但未出现或较少出现 KD → KD 的序列。C 组 KS → KS（M = 0.48，SD = 0.22）和 KM → KM 转化（M = 0.39，SD = 0.32）最强。A 组和 B 组未出现 KM → KD 转化，而 C 组 KM → KD 转化（M = 0.52，SD = 0.62）最强。ANOVA 和 ANCOVA（以时间为协变量）结果表明，三组在 KD → KD 转化上存在显著差异（F = 4.87，

$p < 0.05$）。进一步分析显示，无论是否以时间为协变量，A 组和 B 组之间都存在显著差异（$p < 0.05$）。

（二）元认知维度

在元认知维度，C 组的元认知贡献最高（Freq. = 523，M = 130.75，SD = 25.36），其次是 A 组（Freq. = 473，M = 118.25，SD = 35.34）和 B 组（Freq. = 411，M = 102.75，SD = 29.58）。序列分析结果显示，三组均存在元认知维度的直接序列转化。C 组的元认知直接转化最强（M = 0.46，SD = 0.13），其次是 A 组（M = 0.36，SD = 0.33）和 B 组（M = 0.14，SD = 0.46）。C 组在元认知维度保持较强的转化，其 SD 值较小。多重 ANOVA 和 ANCOVA 表明，无论是否将时间作为协变量，三组间不存在显著差异。

研究进一步分析了 TU、GSP 和 MR 之间的直接转化模式。三组均存在 TU → TU、GSP → GSP、MR → MR 的转化。A 组的 GSP → GSP 转化（M = 0.68，SD = 0.12）和 MR → MR 转化（M = 0.72，SD = 0.10）最强；B 组的 TU → TU 转化（M = 0.86，SD = 0.12）最强。元认知维度不同编码之间不存在直接转化。多重 ANOVA 和 ANCOVA 分析（以时间为协变量）表明，三组在元认知维度的转化不存在显著差异。

（三）行为维度

在行为维度，B 组频率最高（Freq. = 818，M = 204.50，SD = 19.46），其次是 A 组（Freq. = 533，M = 133.25，SD = 47.93）和 C 组（Freq. = 503，M = 125.75，SD = 37.08）。序列分析结果显示，三组均存在行为维度的直接序列转化（即 Beh → Beh）。C 组 Beh → Beh 转化最强（M = 0.40，SD = 0.03），其次是 B 组（M = 0.40，SD = 0.15）和 A 组（M = 0.30，SD = 0.17）。C 组在行为维度保持较强的转化，其 SD 值较小。多重 ANOVA 和 ANCOVA 分析表明，三组不存在显著差异。

研究进一步分析了 RM、CM 和 OB 之间的直接转化模式。多重 ANOVA 分析显示，三组在 OB → CM 的转化上存在显著差异（$F = 6.89$，$p = 0.02$）。

其中 C 组 OB → CM 的转化最强（M = 0.20，SD = 0.24）。进一步分析表明，无论是否将时间作为协变量，A 组和 B 组之间（$p< 0.05$）、A 组和 C 组之间（$p< 0.05$）OB → CM 的转化均存在显著差异。

研究进一步分析 9 个编码之间在三个维度的序列转化（如图 4-8）。A 组共有 12 种直接转化模式（lag = 1），TU → TU（Yule'Q = 0.56）转化强度最高，其次是 KS → KS（Yule'Q = 0.50）和 MR → MR（Yule'Q = 0.50）；A 组有 9 种间接序列转化（lag = 2），MR → MR（Yule'Q = 0.56）的转化强度最高，其次是 GSP → GSP（Yule'Q = 0.51）和 KM → KM（Yule'Q = 0.46）。B 组有 12 种直接序列转化（lag = 1），RM → RM（Yule'Q = 0.79）转化强度最高，其次是 KS → KS（Yule'Q = 0.49）和 MR → MR（Yule'Q = 0.48）；B 组有 14 种间接序列转化（lag = 2），RM → RM（Yule'Q = 0.71）转化强度最高，其次是 KS → KD（Yule'Q = 0.46）和 TU → TU（Yule'Q = 0.40）。C 组有 13 种直接序列转化（lag = 1），MR → MR（Yule'Q = 0.66 ）转化强度最高，其次是 KM → KM（Yule'Q = 0.60 ）和 GSP → GSP（Yule'Q = 0.48）。C 组有 12 种间接顺序转换（lag = 2），最强的转换是 KM → KM（Yule'Q = 0.50），MR → MR（Yule'Q = 0.35），RM → RM（Yule'Q = 0.32）及 TU → TU（Yule'Q = 0.32）。

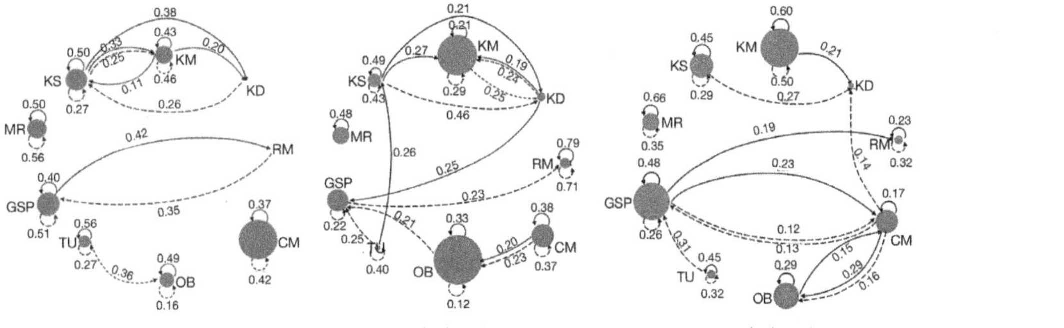

（a）A 组　　（b）B 组　　（c）C 组

图 4-8　编码间直接和间接序列转化

注：节点大小代表小组 CPS 活动的编码平均频率。实线、虚线上的数值分别代表 lag = 1 或 2 的 Yule's Q 值。

四、教学及研究启示

本研究基于在线平台设计了运用最小引导、任务导向和想法导向支架的在线协作式解决问题活动，并利用内容分析、鼠标流点击分析和事件序列分析方法考察三种支架对 CPS 过程、绩效和主观感受的影响。

首先，以想法为中心支架对 CPS 活动的促进作用最为明显。使用想法导向支架的 C 组具有最密集的生生交互网络，学习者紧密联系在一起，共同构建知识（知识建构过程中认知转化较强；KS，KM，KD 编码间转化较强），对知识建构过程进行调节（元认知贡献最高、转化最强），并紧密合作完成概念图（行为转化最强、包括 CM 在内多样行为转化模式）。C 组的小组协作学习表现最好，并反馈了最高的小组合作质量和个人参与水平。

第二，任务导向支架产生了相对复杂的协作。B 组使用任务导向支架，具有第二密集的生生交互网络，小组整体的认知水平较高，但相对分散（整体认知贡献最高，但认知编码间的转化最弱），解决问题过程中的小组调节呈现低水平、分散的特征（元认知贡献水平和元认知编码转化强度均最低），但小组在平台上采取了积极的解决问题行为（行为频率最高）。此外，B 组的概念图得分最低，但解决方案文档得分最高，因此，B 组的学习者更倾向于完成任务，而不是基于概念图提出想法和解决方案。该结果表明，尽管过多的指导可以辅助学生完成任务，但会降低开放式探究，如知识建构的质量。

第三，缺少额外教学支持的 CPS 活动效果可能并不理想。使用最小指导支架的 A 组生生互动网络紧密程度最低，与其他两组相比，A 组学习者未积极构建知识来解决问题（认知贡献水平较低），小组调节水平中等（由元认知贡献和转化反映），行为贡献和转化水平中等。9 个编码的转化结果显示，与其他两组相比，A 组的行为转化种类最少，特别是缺少编辑概念图相关行为。但 A 组的概念图质量较好（三个小组中位列第二）。总的来说，三个支架对 CPS 过程和质量的影响相对复杂。

结果表明，教师应使用想法导向支架促进协作学习的表现、过程和质量。对于更倾向于接受结构化指导的学生，可以使用整合想法导向元素的任务导向的支架，帮助学生实现更高质量的知识探究和构建。此外，教师应做更充分的准备，留出更充裕的时间引导学生，特别是面对刚接触该教学法的学生，适合以想法为中心的知识建构教学。教师还应该鼓励学生对知识产品（如概念图）的共同学习和共同关注，以发展他们的自我调节和群体调节能力，并在 CPS 活动中建立集体责任（如共同的知识建构者角色）。在 CPS 活动的设计和实践过程中，应将教育文化、时间和学生调节纳入考虑范围。值得注意的是，协作学习并不是完全放任学生，而是强调教学实践中学生的责任、共同理解、意义创造和知识建构。

第六节　时序分析案例：时序分析在结对编程中研究学生编程行为的时序性变化

一、研究简介

本实例选取 Sun 和 Ouyang 2021 年发表于 *Journal of Educational Computing Research* 的一项研究，研究名为“Three contrasting pairs'collaborative programming processes in China's secondary education”。该研究利用时序分析方法，以时间序列图的形式可视化展现三个学习小组编程行为的时序性变化，以探究结对编程对学习者的影响。研究背景是 2019 年春季在中国东部地区的一所初中开设的一门“Minecraft 中的交互式编程”选修课。本课程不是必修课，学生可根据自己的选择自主学习。20 名七年级学生（2 名女性，18 名男性）参加了这个为期 12 周的课程，他们都是没有基于文本的 Python 语言编程经验的新手程序员。开始时，学生在教师安排下分成 10 对；学生们在开始时进行了一次破冰活动，增进相互了解，以便在课程中更好地合作。

本课程的重点是学习 Python 语言，这是一种专门为新手程序员和非专家学习计算机编程而设计的编程语言。Python 课程是中国教育部要求的中国高中信息技术选修课程之一。Minecraft 是一款在年轻人中非常流行的数字游戏，将其用于本研究的原因有两个：首先，先前的评论表明游戏化编程教育对青年编程存在影响；其次，可以通过 Minecraft 运行和调试 Python。因此，讲师采用 Minecraft 作为编程学习环境（如图 4-9），方便学生学习 Python 语言。

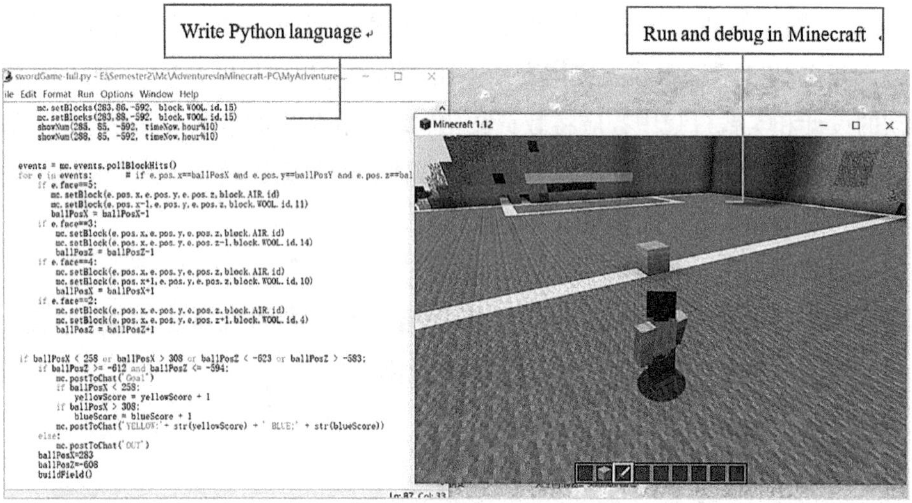

图 4-9　Minecraft 编程学习界面

讲师在 12 周内设计了三个阶段，即启动、正式学习和结对编程阶段。所有学生之前都有过 Minecraft 的游戏经验，但在这门课程之前没有基于文本的编程经验。在启动阶段（第一阶段），讲师以讲授形式教授学生编程概念。在正式学习阶段（第二阶段），10 对学生并排就坐，用自己的电脑完成一系列的编程项目，遇到问题与伙伴讨论。该系列编程项目测试学生的基本编程知识，如顺序、选择性、循环结构和创建方法。教师根据学生的完成程度、代码的完整性和调试的准确性来评估学生在这些任务中的个人程序表现，每项占 100 分中的 33 分。

学生在第二阶段需要完成几项任务，由老师根据他们的项目是否成功运行且没有错误（如 NameError、ValueError、SyntaxError）、结构是否清晰、有没有不必要的问题，及是否添加了调试代码的必要注释进行代码评分。在第三阶段，同一对学生在一台计算机上合作完成最终的编程项目。最终项目由三项任务组成；每个任务包含 3 ～ 5 个问题供学生解决。讲师根据正确性和完整性的标准评估结对的编程表现。与个人绩效评估类似，如果编程项目成功运行且没有错误，则该对获得满分；如果编码结构清晰，没有不必要的代码，并且有必要的调试过程注释，则该对获得满分。

在 10 对学生中，该研究在第二阶段结束时根据学生的个人程序表现得分（M = 63，SD = 15.37）确定了 3 对对比。小组 1 的两名学生的分数分别为 86 和 70，被确定为高分对；小组 2 的两名学生的分数分别为 70 和 65，被确定为中等对；小组 3 的两名学生的分数分别为 30 和 50，被确定为低排名对。在第二阶段结束时识别出这三个对比对之后，该研究在第三阶段收集了面向协作过程的数据。值得一提的是，在第三阶段，小组 1 和 小组 2 以 96 和 94 的相似分数解决了最终编程项目的所有任务，而 小组 3 以 57 的最终分数在项目的第二个任务中失败。

本研究的研究目的有两个：（1）通过使用协作结对编程策略改进新手学习者的编程；（2）实证研究结对编程行为。在 10 对学生中，研究根据个人程序表现的差异具体确定了 3 对对比。研究问题是：在结对编程过程中，三个对比对的协作行为、话语和感知有何不同？研究通过计算机录屏文件及全班的录像视频（无声音）记录了学生编程的线上和线下行为。

二、具体分析方法：点击流分析、课堂视频分析和时间序列分析

首先，研究使用点击流分析和课堂视频分析来分析学生编程的线上和线下行为这两类数据，以识别三个小组的结对编程行为。两位编码人员首先分别观看计算机录屏文件和全班的录像视频，确定线上和线下编程行为的初始编码，然后进行讨论，以确定最终的编码框架（见表 4-10）。在编码基础上，研究利用时间序列分析方法分析高、中、低三类绩效小组中，学生编程行为随时间产生的变化，所用工具为 R 中的 ggplot2 和 tidyr 包。

表 4-10　学习者的编程行为编码表

编码	行为名称	行为描述
PU	Project Understanding	学习者切换到任务单的界面来理解任务。
PC	Python Coding	学习者进行 Python 编程。
MD	Minecraft Debugging	学习者在“我的世界”中调试程序。
MG	Minecraft Gaming	学习者在“我的世界”中玩游戏。
PA	Programming Assistance	学习者一边看着电脑，一边帮助同伴进行编程。
PD	Partner Discussion	学习者在编程过程中与同伴进行讨论。
IC	Instructor Communication	学习者跟教师进行交流。
CC	Classmate Communication	学习者跟其他同学进行交流。

注：前四个编码是鼠标点击流数据中提取的在线编程行为，后四个编码是课堂录屏数据中提取的线下编程行为。

三、学习分析结果

小组 1 是三组学习者中表现较好的一组（高绩效小组），他们被标识为“积极互动的、社交支持的、目标导向的小组”。他们最常见的行为是同伴讨论（PD，频率为 191 次）、Python 编码（PC，频率为 136 次）和编程辅助（PA，频率为 135 次）（如图 4-10）。此外，从时间序列图中可以看出，小组 1 的学习者有关同伴讨论（PD）和同伴协助（PA）的行为均匀地分布在整个课程时间段，这表明在结对编程过程中，小组 1 中的学习者始终保持相互沟通和帮助。此外，小组 1 中学习者的 Python 编码（PC）和调试（MD）的行为始终交织在一起，这指向了一个典型的、有效的计算机编程过程。此外，与其他两组相比，小组 1 在“我的世界”中调试的频率最高（MD，频率为 124 次）。究其原因，小组 1 中的两名学生都比较擅长编程（体现在他们的个人编程知识表现），因而呈现出他们花在调试代码上（MD）的时间比探索或解释代码要更多。

小组 2 是三组中表现相对中等的一组（中绩效小组），他们被标识为“积极互动的、社会支持的、过程导向的小组”。首先，小组 2 最常见的行为是同伴讨论（PD，频率为 245 次）、Python 编码（PC，频率为 174 次）和同伴协助（PA，频率为 169 次）（如图 4-10）。与其他两组相比，小组 2 在这三类行为中具有最高的频率。根据时间序列图来看，小组 2 的编程过程包括尝试理解编程任务（PU），与同伴进行讨论（PD），然后转向 Python 编码（PC）。小组 2 还在“我的世界”调试了几次修改代码（MD），并继续进行 Python 编码（PC）。像小组 1 一样，小组 2 中的学习者也经常进行交流讨论，并互相帮助以解决编程问题。

小组 3 是三组学习者中表现较差的一组（低绩效小组），他们被标识为“消极互动的、负面的社交表达的、编程分心的小组”。首先，小组 3 最常见的行为是在“我的世界”中玩游戏（MG，频率为 332 次）、Python 编码（PC，频率为 102 次）和同伴讨论（PD，频率为 71 次）。在三组学习者中，小组 3 在“我的世界”中玩游戏的频率最高（MG，频率为 332 次）。根据时间序列图的结果（如图 4-10），小组 3 首先尝试理解编程项目（PU），然后通过伙伴讨论（PD）继而进行 Python 编码（PC）。然而，从编程期的中期到后期，两个学习者都不断被游戏（MG）所吸引，这意味着他们逐渐放弃编程操作。

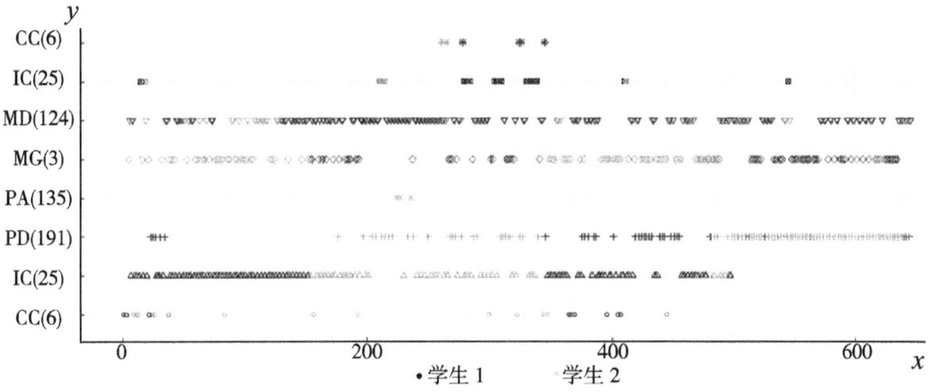

（a）小组 1

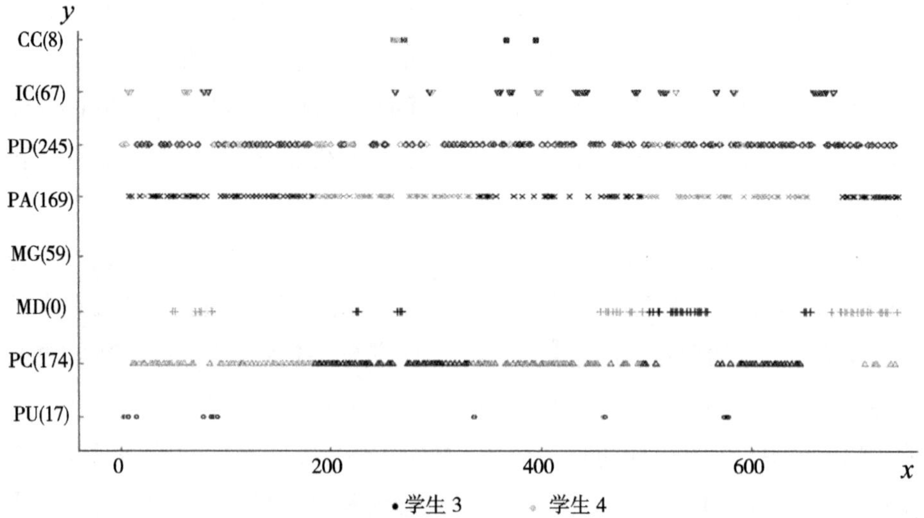

（b）小组 2

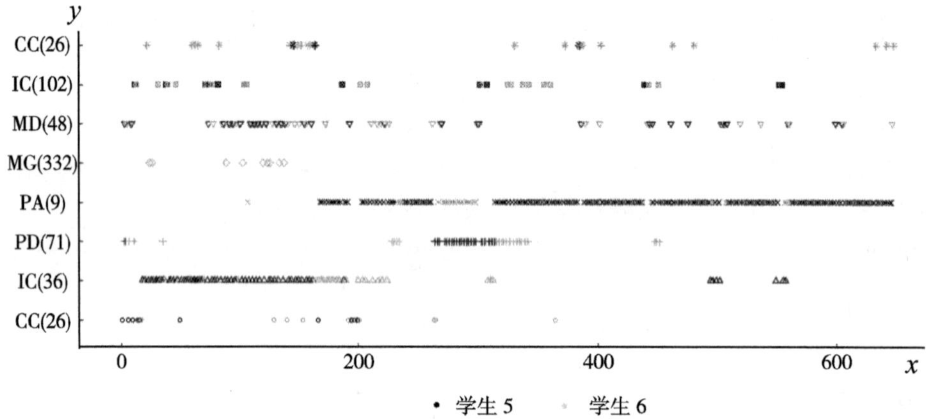

（c）小组 3

图 4-10　3 个小组编程行为时间序列

注：x 轴表示时间段；y 轴表示编程行为（括号中的数字代表行为出现的频次）。

四、教学及研究启示

本研究利用时间序列分析、鼠标点击流分析方法，可视化高、中、低绩效小组编程行为的时序性变化，有助于探究结对编程对不同绩效小组的影响，为未来的教学设计、学习分析和协作编程的实证研究提供了教学、分析和理论意义。

首先，文本编程中开展结对策略能够有效提升学习者的编程学习效果。研究结果显示，在编程知识表现方面，结对编程教学前后学习者在编程知识上有了显著的提升。在学习态度方面，学习者在结对开展编程学习之后，对编程的自信心、满意度均有了显著的提升，对编程的焦虑感有显著的下降。总体而言，在基于文本的编程中开展结对编程教学能够对学习者产生积极的编程学习效果。

其次，文本编程中不同的结对小组在编程中体现出差异化的行为表现。为了更好地解释学习者在结对编程过程中的学习，研究揭示了三组结对编程小组之间的差异：排名较低的一对（小组 3）被标识为“消极互动的、负面的社交表达的和编程分心的小组”；排名中等的一对（小组 2）被标识为“积极互动的、社会支持的和过程导向的小组”；排名靠前的一对（小组 1）被标识为“积极互动的、社交支持的、目标导向的小组”。与表现不佳的小组 3 相比，排名靠前的小组 1 和排名中等的小组 2 更具交流性、互动性和支持性，这体现在协作行为的高频出现上［如编程协作（PA）、同伴讨论（PD）］和交流话语的高频转换上［如从编程探索（PEx）到编程详述（PEl），围绕编程详述（PEl），及从向教师提问（AsQ）到回答教师提出的问题（AnQ）］。此外，对比小组 1 和小组 2 的编程表现，面向过程的小组 2 有更多编程协作和同伴讨论上的行为，并且出现了更多关于编程探索、编程阐述和师生问答相关的对话。相反，面向目标的小组 1 则更侧重于调试代码，互相之间没有详细的代码解释，并且与教师保持密集的互动，从而来解决编程的问题。

再次，在文本编程教学活动中融入结对编程策略，能够有效地提升学习者的编程效果，同时，教师应使用面向过程的干预和评估来促进结对编程，并应确定在编程过程中提供教学干预的学习情境。本研究表明，表现不佳的小组很容易被不相关的活动（如游戏）分散注意力，因此，教师需要及时监督学习者的学习进度，以便及时提供帮助，并引导分心的学习者重回编程的学习轨道。对于表现比较好的学习者，他们在编程调试中遇到困难时，通常会寻求教师的帮助。在这种情况下，教师可以为这类学习者提供一些辅助资源作为指导，以帮助他们解决困难问题。对于表现不佳的学习者，则需要给予他们更多的激励，来提升他们的学习热情，并在他们遇到问题的早期阶段及时给予一定的反馈和帮助。此外，本研究结果表明，面向过程的编程能够促进学生在结对编程过程中与同伴的知识话语体系建构。教师应该考虑学生的编程过程，而不仅仅是关注最终的表现，因为面向过程的"脚手架"可以促进学习者进行问题的提出和回答、知识的共享和构建，以及编程解决方案的创建。本研究指出，中等表现的学习者，在编程过程中有积极的交流和帮助，他们通过提出问题、分享方案和共同协商来创建编程问题的解决方案。这样面向过程的编程学习同样具有促进学生编程知识积累的作用。

本章小结

本章介绍了多种学习分析方法及结合多种分析方法的具体实例，具体包括社会网络分析案例、内容分析案例、社会网络分析与内容分析创新结合分析案例、内容分析与社会网络分析整合案例、事件序列分析案例及时序分析案例，帮助学习者更具体地理解各种方法的应用。

思考

基于我们提供的数据库，利用社会网络分析、内容分析、时序分析、事件序列分析等多种方法进行综合分析。该数据库包括以下几个字段：日期、时刻、谈话发起者、对象和讨论 / 谈话内容。内容分析编码可以使用本章中用到的编码框架或者其他编码框架。最后需要在 R 中进行分析，分析需要展示以下几个部分：（1）学生之间的社会网络图；（2）内容分析结果，即内容分析柱状图（也可以选择其他形式来展示）；（3）用事件序列分析展示每个内容分析 code 之间的转换结果（转换结果包括过渡频率，Yule q 值和 z 值），然后尝试用社会网络图形显示出事件序列结果。

CHAPTER 5

第五章

学习分析实施

学习分析实施（Learning Analytics Implementation，LAI）是将学习分析数据报告应用于教育实践，旨在促进课堂教与学的一种活动。学习分析实施发生在学习活动（即能够产生数据的教学事件）和学习分析展示（即数据的解释或呈现）之间，需要明确学习分析数据的面向对象、使用时间、目的及如何反馈到教育实践等问题。学习分析实施可帮助实现学习分析的目标，即帮助教师或学校根据每个学生的需求和能力水平实时地定制教育活动，利用数据挖掘、解释和建模等技术和手段提高对教学和学习的理解，更有效地定制学习者教育活动并对其进行评估。

学习分析工具或系统的设计和应用是学习分析实施的重点之一，面临的主要挑战是如何利用学习分析结果对学习及教学进行解释，并采取进一步行动以促进教学质量，具体包括以下四个方面。第一，由于学习分析本质上是通过解释过去的学习活动，为未来的活动提供有意义的、可操作执行的信息，因此需要相关研究人员理解学习活动的目的和过程，并了解其如何与学习分析相联系，这是关于解释性方面的挑战。第二，因为学习分析的用户需要理解和融合来自不同学习阶段的信息，并从学习分析中获取不同的解释信息，所以学习分析实施存在优先级方面的挑战，即研究人员需要关注各种可能的学习分析反馈所对应的价值和意义，以及其分配优先次序。第三，尽管学习分析工具能够解释已有学习活动的相关信息，但用户基于分析结果而形成的决策和采取的行动仍具有不确定性，该不确定性导致学习分析实施的效果不明确。第四，学习分析工具或系统需要考虑教育变革的渐进式特征，相应地了解师生应何时采取行动、如何采取行动、采取何种行动。

本章主要介绍学习分析工具的开发及使用，其主要受众包括教师、学习者和管理者。对教师而言，学习分析工具有助于其检查和调整教学设计、了解和回应个体学习者的活动模式、协调小组及集体层面的学习过程。对学习者而言，学习分析工具有助于其对学习进行反思，从而引发自我调节的正循环。对管理者而言，学习分析工具有助于其理解教育机构运行的相关因素。

第一节 面向教师的学习分析工具的开发及应用

教师通常在课堂教学过程中凭借经验来检查学习者的学习活动，而面向教师的学习分析工具能够进一步帮助教师在客观数据基础上理解教学和学习过程，驱动教师探究教学和改善教学实践，对课堂教学和学习实现支持性干预。

一、实现步骤

面向教师的学习分析工具主要通过两个步骤实现。第一步为数据收集和预处理，其中数据源来自学习者与学习环境中不同元素的交互过程（如学习者参与合作学习、撰写论坛帖子或阅读资料）。收集好数据后，需要对其进行预处理，其中针对教学互动较为成熟的编码框架是弗兰德斯的课堂教学师生言语行为互动分析系统（Flanders Interaction Analysis System，FIAS）。随着信息技术在课堂教学中的广泛应用，顾小清（2004）、方海光（2012）、蒋立兵（2018）等基于FIAS进一步提出了基于信息技术的互动分析编码系统（ITIAS）、针对数字化课堂教学环境的改进型弗兰德斯互动分析系统（IFIAS），以及智慧教室环境下的课堂教学互动分析编码系统和智慧教室环境下的高校课堂教学行为分析系统（CTBAS）等。第二步为数据分析，通常利用聚类、分类、关联规则挖掘、社会网络分析等技术实现，其结果可以通过插件或网页的形式集成到学习系统或学习环境中，以可视化的形式呈现学习分析结果，以帮助教师更快地解释课堂数据信息、反思教学方法和教学效果、改进教学干预与教学策略。总体来看，面向教师的学习分析工具可视为一种数据驱动的教学策略，有助于教师了解学情、调整课堂教学，以及满足学习者需求。

二、数据类型

面向教师的学习分析工具主要包含六种数据类型：（1）讨论活动的参与度，即教师参与以讨论为中心的学习活动频率，旨在帮助教师反思如何通过反馈和支架支持学习者学习，及提高教师反馈和支架的质量；（2）学习活动的参与度，即教师参与学习活动的程度，包括向学习者提供反馈和支持，及安排学习活动的过程，旨在为教师提供证据，帮助教师在实际教学中提供反馈和支架或根据教学设计安排学习活动；（3）教师的物理数据（如眼球追踪）和物理设置数据（如位置），旨在收集关于教师在教学设计过程中实施具体行动的证据；（4）基于教育数据的教育设计要素评价，即从学习者和教师的教育数据中获取证据，以评估他们教育设计的具体要素，旨在评价学习者如何参与教育设计的各个活动并支持教师回答相关的探究性问题；（5）教育设计整体性评价，即帮助教师评估其整体教育设计对学习者的影响，旨在帮助教师反思学习者是否实现了预期的教育目标（如知识、技能、态度）；（6）教育设计实现反思，即帮助教师评估他们实现教育设计的过程，为教师反思和改进教育设计提供分析结果，以支持教师进行最终决策。

三、工具类型

面向教师的学习分析工具主要包含教师支持工具和教学分析工具两大类。教师支持工具（teacher supporting tools）多用于在线学习环境，通过向教师报告、分析学习者的课堂数据，优化学习及学习环境。教师支持工具通过自动收集、监测、管理课堂数据，对教师优化课堂教学活动编排、实现学生自动分组等教学行为的调整起到促进作用。教学分析工具（teaching analytics tool）通过搜集、分析和反馈教师的话语和行为，支持教师反思课堂教学，并进一步提升教学效果、支持协作学习、改进教学行为语言等。

总体而言，教师支持工具有助于教师对是否实施干预及选择更合适的干预行为做出决策，教师可以自由决定是否根据工具提供的信息采取行动；而教学分析工具则能够收集并分析师生的课堂数据，并将分析结果反馈给教师，以提升教学效果、支持协作学习、改进教学行为语言等。

第二节　面向学生的学习分析工具的开发及应用

面向学生的学习分析工具认为，学习者具备良好的基础理解学习分析结果，有潜力利用学习分析结果调整其学习过程并提高学习质量。此外，从道德的角度来看，学习分析中利用的大部分数据由学习者生成，学习者有权利或责任检查并解释这些数据及数据结果。学习分析结果通常以学习分析仪表板、教育推荐系统、智能辅导系统和自动反馈系统等形式呈现，有助于学习者理解自身及同伴的学习情况，反思并调整学习行为。

一、数据类型

面向学生的学习分析工具包含多种数据类型，本节介绍以下七种：（1）评估成绩，即学习者在教育设计实施过程中的形成性或总结性评价表现，主要目的是评估特定教育设计元素（如特定的学习活动）对学习者成绩或表现的影响；（2）学习活动参与度，即学习者参与学习活动的程度，如活动所花费的时间或参与活动的频率等，主要目的是确定学习者参与度低的学习活动，并对其采取干预措施；（3）学习者使用教育资源和工具的程度，包括在教育资源或工具上花费的时间、使用频率，及学习者在书中获取材料或执行动作的次数；（4）讨论活动参与度，即学习者参与学习讨论活动（如论坛讨论）的程度，或是学习者在博客、讨论板或消息系统中的互动情况；

（5）可定制的教育数据列表，这一数据类型在学习者提供教育数据清单时允许教师定义需要考虑的教育数据，或允许学习者将数据手动输入系统；（6）物理环境，多用于非正式学习环境中，主要目的是帮助教师调查学习者是否在物理空间遵循学习和评估流程，及是否产生偏差，从而完善和修正之后的教育设计；（7）传感器数据，如脸部识别、鼠标跟踪或生物识别传感器等利用传感器收集的数据。

二、工具类型

面向学生的学习分析可视化反馈工具主要用于追踪学习者的学习行为、促进群体意识的形成两个方面。首先，支持学习者个体动机和自我调节过程的工具（如学习分析仪表盘）可以追踪学习者的在线学习行为并提供分析和反馈，具体包括：（1）对学习者在线学习的日志（如总登录时间及次数、登录频率、使用仪表盘时间及次数、使用学习资源次数）进行统计和可视化反馈；（2）根据学习日志进一步为学习者提供学习的信号灯预警；（3）为学习者提供有效参照，将同伴表现、学习者预期成果、学习者过去的课程表现与学习者当前课程表现进行对比；（4）探究在线学习行为和学习绩效的关系。在促进群体意识的形成方面，面向学习者个人及小组的学习分析有益于从个体、同伴和小组等多个维度影响学习者调节学习。群体意识工具（group awareness tool）是计算机支持的协作学习中的一个新兴领域，通过同伴及小组的社会共享监管，改善共同学习过程和群体参与。除此之外，学习分析可视化反馈工具可以通过以下三种方式影响学习者在协作学习中的学习调节：（1）自我调节学习（SRL），即学习者个体对思维、行为、动机和情绪的控制；（2）共同调节学习（CoRL），即小组成员提供过渡性支持、促进彼此在任务中参与自我调节的过程；（3）社会共享学习调节（SSRL），即小组成员以同步和富有成效的方式共同调节自身的认知、行为、动机和情绪目标。

三、工具功能

Bodily 等（2018）从功能性、数据来源、分析设计、学习者感知效果和实际效果等方面总结了七种面向学生的学习分析工具或系统的功能和特征。（1）系统用途，包括增加意识或反思、推荐资源、提高保留率或参与度、增加在线社交行为、推荐学习资源等。（2）数据挖掘，即学习分析系统在数据收集后和数据汇报前利用某种统计分析或数据建模方法挖掘行为或语言模式等。（3）可视化，即通过可视化的方式显示数据分析结果。例如，目前大多数学习分析工具可视化使用基本的柱状图、线状图、表格、网络、散点图等。（4）社会比较，即允许学习者将个人学习数据与其他学习者进行对比，例如，可将学习者个人的成绩与班上 A 类学习者比较，或根据社交媒体发帖频率比较学习者。值得注意的是，社会比较可能对学习者产生正面或负面的影响。（5）推荐，即基于已发生的学习指导学习者的行动。文献综述显示，某些面向学习者的学习分析系统包含推荐功能，但是多数系统采用不透明的推荐方式（黑盒推荐），将来的开发工作可探究透明化推荐和黑盒推荐系统遵循的推荐动机和影响。（6）文本反馈，即通过文字描述的形式向学习者汇报他们的学习情况。（7）交互性，即系统提供学习者交互点击查看他们的活动数据的机会，包括以链接的形式提供额外内容，允许用户根据活动类型筛选相关数据结果，或根据学习者的喜好提供视图呈现等。

为了开发更有效的面向学生的学习分析工具，研究人员需要以下面的问题作为指导：（1）学习分析系统的预期目标是什么？（2）何种可视化技术最能代表数据分析结果？（3）何种类型的数据能支持系统实现学习分析目标？（4）学习者的需求是什么？这些需求与学习分析的目标是否一致？（5）学习分析系统是否直观且易于使用？（6）为什么要使用某些特定的可视化技术而不是其他？（7）学习者对学习分析系统的看法如何？（8）学习分析系统对学习者的学习行为或学业成绩有何影响？（9）学习者使用学习分析系统的方式、频率和目的是什么？

第三节　面向管理人员的学习分析工具的开发及应用

基于责任制和信任制的时代背景，教育机构更需要为育人成果负责，接受问责并承担行政压力。借助学习分析工具的学术分析有潜力改善教学、学习效果、学习成绩和学习者发展，有助于预测学习者的成功率和保留率。

一、面向管理人员的学习分析工具的开发

面向管理人员的学习分析工具结合学校机构数据，通过创造学习者、教师或管理人员可使用的智能工具或可视化系统开展统计分析、模型预测，帮助管理人员理解并改变教学与管理行为及决策。面向管理层的学习分析常应用于高等教育的行政决策，主要包含以下三个方面：第一，提升经济效益和筹款管理。一方面，几乎所有类型的组织（企业、高等教育机构等）都会出于经济因素采用学习分析。另一方面，学习分析系统可以建立一个包含校友信息的数据库（包括校友个人对先前捐赠邀请的回应、对特定学院 / 大学倡议的兴趣度等）以支持学校机构识别可能进行捐赠的校友。第二，支持学术系统的注册管理。新兴的学术系统可以基于当前数据库逐年修正并完善预测模型，以支持学习者注册管理的相关决策。面向管理者的分析有利于快速回应学习者的录取申请，例如，数据驱动的教育决策降低了学习者的录取预算及录取工作所需时间，帮助学校管理人员更有效地开展工作。第三，支持教学管理。传统的学术系统（如图书管理系统）、学习者回应系统及类似工具已产生了一系列可能与学习者的学习过程和学业成绩相关的数据。然而，许多教育机构倾向于投入巨资购买开源平台，很少探究学习分析工具的使用方法和使用效果，例如，常用学习管理系统大多局限于发布教学大纲、分享资料、收集作业、发布分数等应用功能。新兴的学术系统则能够实现数据驱动下的教学管理，例如，学校招生办公室基于学习分析结果实现图书的智能推荐。

二、面向管理人员的学习分析工具应用

现以美国几所著名大学在学校管理中使用的学习分析工具为例展开阐述。杨百翰大学研究人员分析了 Blackboard 平台中 36000000 余条学习者和教师的事件后，发现 90% 的学习者集中使用的 6 个 Blackboard 工具大部分属于电子公告和内容工具类别。这一结果表明：一方面，教师需要参加更具有针对性的技术培训，以充分利用平台系统；另一方面，教育机构可以了解具有标志性的一些教学风格和与特定学科相关的技术需求。贝勒大学的入学预测模型开创并完善了对潜在申请者数据的收集和分析。不同于传统模式下对入学流程（从咨询、申请、接受到入学缴纳学费）中的因素展开聚类分析，贝勒大学从咨询阶段开始研究各种可能的变量，确定了 8 个影响最终入学率的预测模型。实证研究结果表明，该学习分析技术有效增加了贝勒大学的申请人数。阿拉巴马大学利用逻辑回归、决策树和神经网络等技术开发学习风险预测模型以降低学习者的退学率，以累计 GPA、已修英语课程、英语课程成绩、数学课程成绩、家校距离、种族、勤工俭学总时长、最高 ACT 分数等 8 个因素为模型变量，结合预注册数据和其他参数（如学习者分数）展开学业预警。实证研究表明，阿拉巴马大学每年能够识别 150 ~ 200 名面临退学风险的学生，教师和学术顾问可在此基础上针对这些学习者展开进一步工作。辛克莱社区学院开发的学习者学业成就计划和早期预警系统是一个基于网络的咨询记录管理、参考和报告系统。该系统使用 SQL 数据库来集成数据库中的人口统计和入学信息（如学习者信息系统的实时课程注册信息、成绩和经济资助状况信息等），并分析学生数据库，针对意外情况生成警报并启动个人学习计划。同时，系统会根据学生的特征进行自动化推荐。当学习者和辅导员制订个人学习计划时，系统还要捕获 Myers-Briggs 类型指标、学习策略清单、个人生活困难情况、学习者满意度调查、注册计划、学习计划和课程推荐、学习者进度标记、辅导员笔记等其他信息。2006 年秋季学期的实证研究和报告显示，使用该系统后该学院第一至第二季度新生留存率为

93.3%，积极完成个人学习计划的学习者占比为 76.0%，这些数据表明该系统具有良好的支持学业发展效果。

第四节　学习分析工具的三种设计框架

学习分析工具的框架可以根据比较标准分成三种类型：（1）社交参考框架，即与其他同伴的交流互动比较；（2）学习成绩参考框架，即学习目标的实现比较；（3）进度参考框架，即与之前的自我比较进步的程度。其中社交参考框架允许学习者将他们的当前状态与同伴在同一时间点的社交程度进行比较；学习成绩参考框架引导学习者面向未来，关注学习者的目标和未来状态；而进度参考框架侧重于过去，学习者可将过去的状态与目前取得的成绩进行比较。

一、社交参考框架

社交参考框架指导下的学习分析工具设计可通过多种方式呈现，最常见的方式是将学习者数据与全班同学数据对比呈现。例如，允许学习者在协作学习环境中访问其所在小组各成员的学习情况，或将学习者与已修读该课程的学生进行比较。此外，为避免异质群体的差异，学习分析工具可以在比较中为学习者提供具有相似目标和知识背景的同伴的学习情况，或由学习者自主选择比较对象，从而帮助学习者实现自我评估与同伴评估。例如 Verdú 等学者开发了一款名为 MSocial 的社会网络应用程序，能够将社会网络分析结果集成到 Moodle 学习管理系统中，实现自动分析和实时可视化反馈，帮助教师及学生理解学习者的社会参与和互动。

首先，MSocial 具有一个显示所有社交活动的主界面，师生可以在界面中进行用户注册、设置社交操作的配置和状态、教师解释学习活动与学习目标、收集数据的可视化等操作。

其次，MSocial 搜集学习者的基本统计数据（如帖子数、回复数、最活跃帖子数、最高回复数等）和社会网络分析数据（如接近中心性、度中心性、中介中心性等）。基于此，MSocial（2021）为教师提供了与学习者有关的各项关键指标和数据可视化图表，包括时序图、关键绩效指标表、交互矩阵图、时间线图等。例如，关键绩效指标表包含了所有社会网络分析计算指标，MSocial将自动计算并呈现学习者的社会活动评分。因此，教师可灵活、有效地选择评估角度，不仅可以选择特定的社会网络，还可以决定向学生显示哪些信息，而学生也能及时获得相应的社交活动成绩。

学习成绩参考框架是一种在数据表上显示学习成绩的信息呈现方式，学习成绩可基于两种目标得到，即基于学习者设定的学习目标及基于教师设定的目标。基于学习者设定的目标旨在呈现学习者学习表现与学习成果的相关性，学习者对内容的掌握情况可以依据他们在论坛讨论中使用的关键概念、在各项测验中的表现来评判；学习技能可以依据多门技能选修课程获得；学习倾向可以通过问卷调查等学习者自我报告数据获取。基于教师设定的学习成果，旨在明确学习者完成学习活动所需的努力并可将其作为学习者规划学习的参照。

Roberts等（2017）采用以实践为中心的方法设计，开发并实施了一种面向学生的学习分析仪表板系统。其中，内容推荐仪表板的设计采用学习成绩参考框架，有助于了解学习者是否熟练掌握所学知识、帮助学习者识别知识盲区并提供相关建议。具体来说，研究者计算了学习者在学习过程中所获得的分数，帮助学习者轻松、快速地找到学习资源，掌握即将要学习的内容和已经学习过的知识。在在线学习测试中，学习者可多次尝试测试问题，由系统给出掌握分数的反馈。在计算完掌握分数后，研究者进一步将其可视化为交互式的水平条形图，可直观体现较高水平和较低水平的掌握分数。掌握分数的交互式水平条形图是一种形成性的单元反馈，有助于帮助学习者根据每次考试中涵盖的知识点来了解课程知识点的掌握情况，并进一步指导学习者在备考时的精力分配。此外，基于交互式设计，学习者可以通过点击条形统计图中每个知识点对应的条形以获取研究者提供的学习建议等。

三、进度参考框架

在进度参考框架中，随着时间的推移，学习者可以通过访问其历史数据将学习进度可视化，有助于了解学习进度及成果，并进一步取得学业上的进步。例如，Valle 等（2021）基于真实学习环境，开发了一款能够持续评估学习成绩的学习分析仪表板。在情境期望理论的指导下，研究者开发了一款名为“我的学习进度”的预测性学习分析仪表板，进一步探究该仪表板对学习者的焦虑水平、学习动机、学习成绩的影响（如图 5–1）。该研究环境是一门具有高焦虑水平的在线统计学课程，在随机对照组中进行前测和后测，将任务价值支架作为自变量，并以课程开始时测量的动机和统计焦虑为基线。

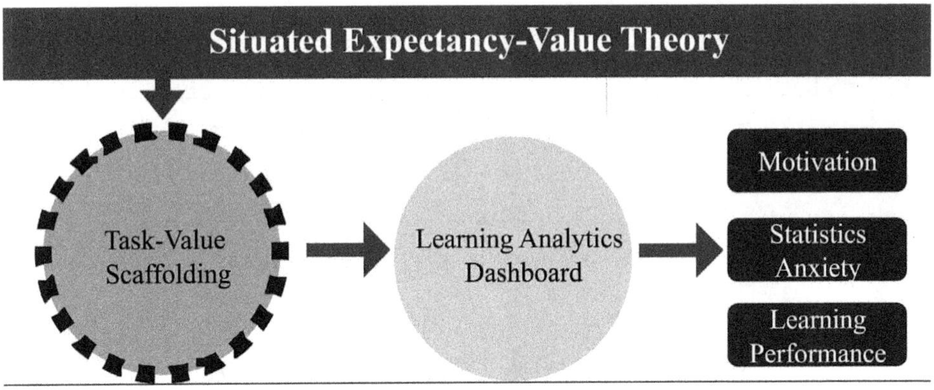

图 5–1　研究概念框架

该研究开发的“我的学习进度”学习分析仪表板为学习者持续提供学习成绩的动态变化过程，有助于支持学习者持续性地进行自我评估，帮助学习者根据个人目标和在线统计课程内容评估个人表现。从算法原理角度看，“我的学习进度”学习分析仪表板使用了机器学习中常用的朴素贝叶斯模型来预测学习者在课程结束时可能获得的不同等级学习成绩的概率。朴素贝叶斯模型的优势在于它不仅能够适应一部分数据的缺失，也能在学习者参与课程内容和参加每周测验时不断更新预测的学习成绩等级概率。该学习分析仪表板（如图 5–2）表明，某个学生在课程学习结束时有 89% 的概率获评 A 等级、

10% 的概率获评 B 等级、1% 的概率获评 C 等级或 D/E 等级。基于学习分析仪表板提供的动态学习成绩预测，学习者可以计划和调节投入到课程活动中的时间或精力，从而更好地实现短期目标和长期目标。

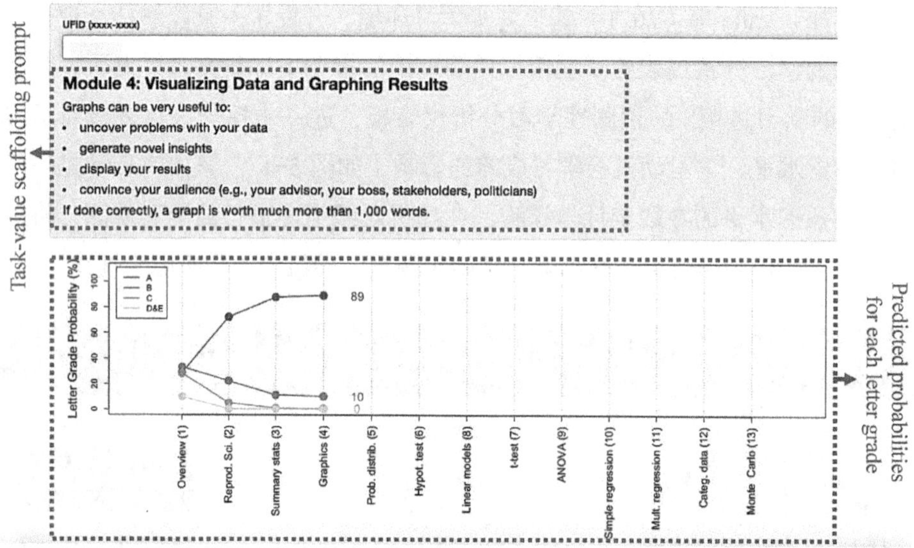

图 5-2 “我的学习进度”学习分析仪表板

第五节 学习分析工具的迭代设计与开发

学习分析实施可以从多角度、实时、动态地展示学习过程，有利于帮助学习者增强群体参与意识、促进交互行为的发生、促进知识建构，相关研究有必要开发学习分析工具，进一步从展示学习者学习过程并通过实证研究的方式调查工具对学习者学习的影响。为研究相关趋势，学习分析领域研究人员开发并利用相关学习分析技术实现展示学习者和同伴的行为、交互或知识等多方面的信息，旨在为学习者提供过程性评估并帮助学习者调整协作学习过程，以提高学习质量和效果。本节主要介绍作者开发的一项完整闭环的学习分析工具迭代设计与开发过程。该工具的开发采用基于设计的研究，以

“设计—迭代—迭代”三个阶段的多轮迭代展开。

一、第一阶段：原型设计阶段

（一）工具设计原理

本节介绍的面向学习者的学习分析工具采用基于设计的研究方法，利用逐步改进的多轮迭代设计方法，把最初的原型设计应用于教学实践，通过实证研究检验工具效果，并根据学习者反馈结果不断完善工具设计。该工具是应用于在线课程讨论的一款交互式工具，学习者可以通过下拉式菜单选择查看对象。该工具整合协作学习中的多个维度，直观地反映学习者在讨论中的社会交互网络、话题贡献网络和认识参与网络变化情况，以帮助学习者从多角度了解讨论过程以调整下一步行动，同时帮助教师了解学习者讨论状态并调整教学策略。工具的工作原理主要包括三个步骤（如图 5-3）。第一步为采集论坛数据，主要将学习者讨论过程中的数据从教学平台导出并进行结构化的处理。第二步为交互网络分析呈现，该部分基于 R 语言实现主要网络分析功能，分析结果将生成静态的 Web 页面。第三步为结果呈现，该部分通过部署 Web 服务，将第二步的分析结果同步到 Web 程序中，为学习者及教师提供异步的可视化分析结果。

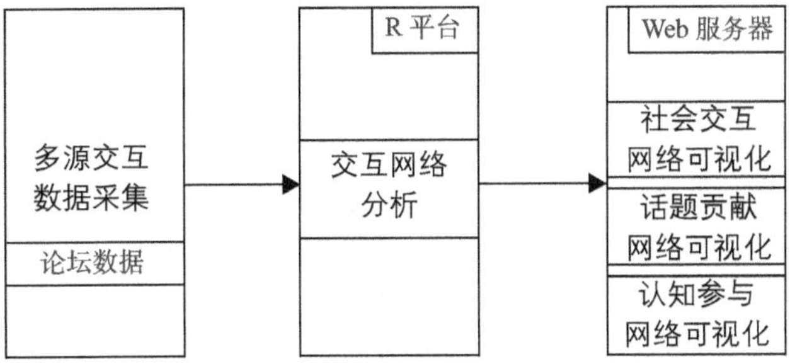

图 5-3　交互式工具呈现流程

目前该工具的设计和应用经历了三个阶段，即原型设计、第一轮迭代和第二轮迭代。原型设计阶段确定工具需提供的功能和可能存在的问题；第一轮迭代设计将工具应用到了中国大学慕课中；第二轮迭代应用到了浙江大学两门在线课程中。每一轮迭代遵循了迭代改进、课程应用和评价反思三个步骤。

（二）工具设计、实施及结果

原型设计阶段旨在明确工具需提供的功能和了解应用过程中可能遇到的问题。

首先，研究人员根据以往在线教学经验及已有实证研究结果设计了工具原型（如图 5-4），整合并展示了学习者、关键词及在线资源之间的关系。

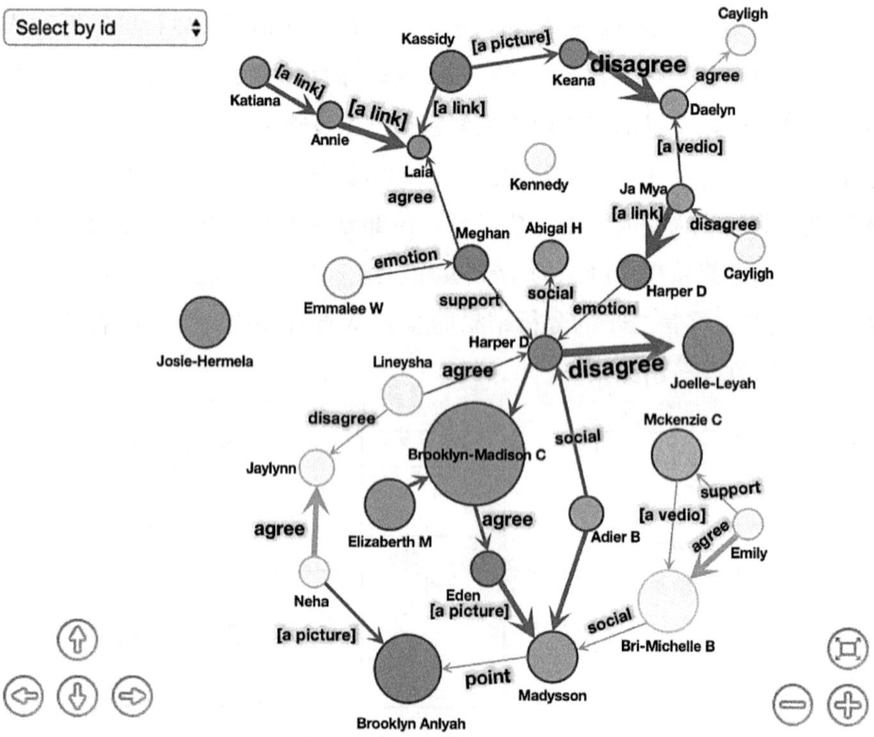

图 5-4　工具原型设计

其次，研究人员面向具备教学经验或参与过助教工作的硕士生及博士生设计开放式问卷，问卷涵盖工具可接受程度、学习者对可视化信息的感知、对工具的建议等。共计10位学习者完成了工具原型试用、问卷调查及访谈分析。访谈结果表明，大部分学习者喜欢这种直观的、可视化的网络呈现方式，但也有学习者表示网络结构的复杂性导致信息难以理解。

二、第二阶段：第一轮实施应用

（一）工具设计及改进

基于第一阶段的反馈及反思，研究人员重新设计工具并将其分为三个模块：社会交互网络、话题贡献网络和认知参与网络。社会交互网络用于展示讨论中学习者、助教和教师之间的交互关系（网络中节点表示参与者，连线表示话题回复关系）。话题贡献网络用于展示学习者对主要观点的贡献情况（文本分析参与者发表的观点，提取关键词后建构学习者与观点关键词的双模式网络）。认知参与网络用于展示学习者发帖内容的认知维度（根据认知编码框架对学习者参与的内容编码，形成学习者和认知编码的双模式网络）。总体而言，社会交互网络可以反映参与者的社会交互频率，话题贡献网络可以反映学习者共同关注的话题，而认知参与网络可以反映学习者不同的认知维度。

（二）工具实施及实施结果

工具第一轮迭代应用于中国大学慕课一门以学习分析为主题的课程中。在实施了该版本的工具后，研究人员通过问卷（里克特五级量表）和深入访谈调查了6名学习者的反馈（如图5-5）。问卷围绕工具的有用性和可用性开展，包含针对三种类型的可视化网络各8道题目（共24题）及针对三种工具开放性问题各1道（共3题）。问卷结果表明，相比话题贡献网络和认知参与网络，大多数学习者认为社会交互网络更能促进讨论（社会交互网络：完全同意及同意占88%；话题贡献网络：完全同意及同意占63%；认知参与网络：完全同意及同意占63%）。学生对这三种类型可视化网络反馈的接受程度较高，学习者可以较好地理解三种网络提供的信息。方差分析显示，学习者对三种网络可视化结果有用性和可用性的感知不存在显著差异。最后，研究对学习者进行了深度访谈，大多数学习者表示这类在线讨论中使用的交互式工具在某种程度上有利于理解和反思，但学习者也报告了该工具在以下三方面的不足:（1）社会交互网络分析中反馈的信息较少;（2）话题贡献网络语义分割不准确;（3）认知参与网络中认知类型难以理解。学习者提出了相应的改进建议，工具可通过功能集成化、实时可视化、工具简便化等方式更好地表达和支持知识构建过程。

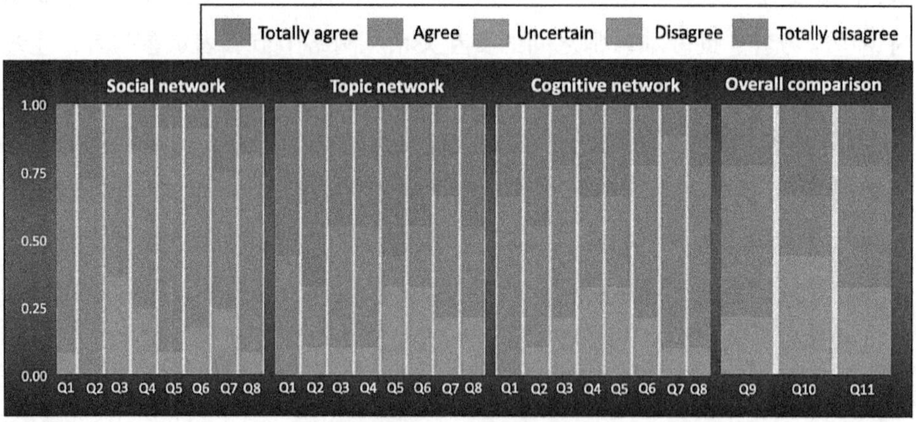

图 5-5　第一阶段应用调查结果

三、第三阶段：第二轮实施应用

（一）工具设计及改进

基于第一轮迭代结果，研究人员在第二轮迭代时修正和完善了工具中三类网络可视化的呈现。首先，针对社会交互网络中反馈信息较少的问题，研究人员在工具中增加了交互频率信息显示；其次，针对话题贡献网络语义分割不准确的问题，研究人员采用 jieba 算法通过程序自动提取名词性词组，并在人工二次校验的基础上确定关键词；最后，针对认知参与网络中认知类型难以理解的问题，研究人员采用新的认知编码框架，包括三个层次的个人知识探究类型（分享信息 SKI、简单陈述观点 MKI 及详细阐述观点 DKI）和三个层次的同伴知识建构类型（简单同意 / 不同意或提问 SKC、对同伴观点进行评论或反驳 MKC 及对同伴观点进行详细评论或反驳 DKC）。学习者的认知编码由两位编码者分别独立编码后做一致性校验，共同讨论不一致之处后确定最终编码。

除此之外，研究人员还在该阶段加入了讨论参与的激励机制，即“网络之星”策略。“网络之星”策略即在三种网络中分别设定人气之星、创意之星及内涵之星。人气之星是指学习网络中交互频率最高的学习者；创意之星是指网络中既关注共性主题词，同时也关注差异性主题词的学生；认知参与网络中不同类型的认知编码具有不同的权重，内涵之星是网络中认知参与最高的学生。学习者将鼠标移动至“网络之星”节点时，节点会以黄色高亮显示。

（二）工具实施

工具第二轮迭代应用于浙江大学的两门在线课程，即 2020 春季学期本科生课程“现代教育技术”（69 人）及夏季学期博士生课程“信息技术与教育”（19 人）。由于篇幅原因，本书只阐述“现代教育技术”课程中的工具应用实证结果。所有课程中的教学活动均在“学在浙大”及钉钉中完成。任课教师每周发布与本周主题相关的讨论话题，提供开放性问题供学习者思考讨论，并采用以想法为中心的策略促进学习者参与。工具的可视化分析与第一轮迭代一致，每周更新两次并以网页形式在论坛和钉钉群发布。为便于学习者理解网络图提供的信息，研究人员针对每一种网络图提供了对节点、操作和编码等的文字性解释（如图 5-6）。

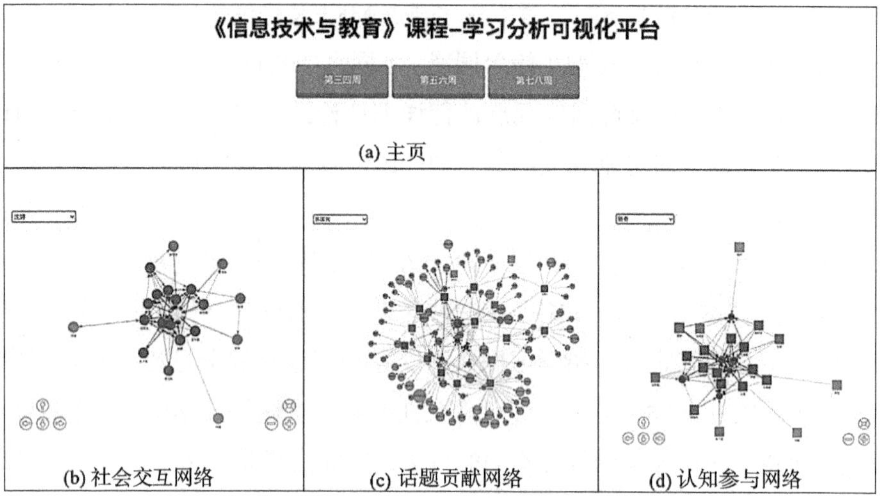

(a) 主页

(b) 社会交互网络 (c) 话题贡献网络 (d) 认知参与网络

图 5–6　第二阶段的工具设计界面

（三）实施结果

对工具应用效果的评估及评估问卷均与第一阶段一致，研究人员共回收56份有效问卷，问卷结果（如图 5–7）显示：学习者对三种分析网络的接受程度较高；三种分析网络清晰地呈现了交互关系，使得学习者清楚地了解学习社区的交互情况；话题贡献网络在促进学习者了解讨论的走向和理解讨论的观点方面具有最显著的促进作用；通过综合对比三种类型网络图，学习者认为话题贡献网络比认知参与网络更能促进后续的讨论。除了上述的共性结论，学习者在社会交互网络和话题网络对讨论的促进作用方面的观点相反。方差分析表明，学习者对认知参与网络帮助理解在线讨论的发生过程和促进参与者理解讨论相关的话题、社会交互网络促进参与者理解讨论相关的话题方面存在显著性差异。

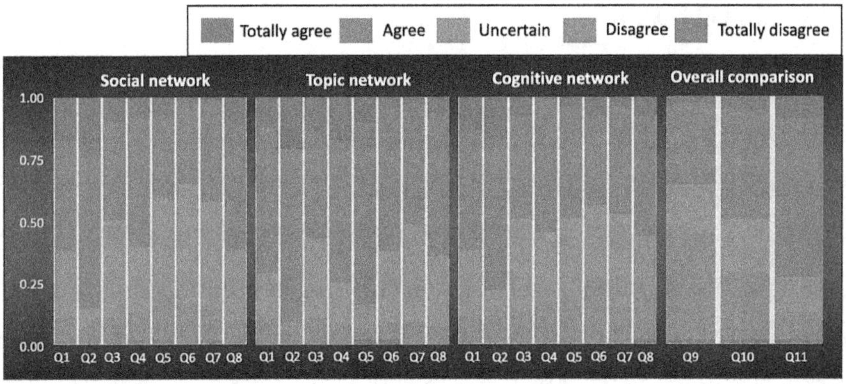

图 5-7 第二阶段应用调查结果

最后，学习者在深度访谈中报告了该版本工具的优点和不足。学习者反馈了工具优点：(1) 社会交互网络有利于促进参与者意识到自身参与情况、了解其他同伴的交互信息，从而激励后续的参与过程；(2) 话题贡献网络可以帮助参与者快速把握整个讨论的热点想法和同伴的创新性想法，有助于其深入思考、拓展思路；(3) 认知参与网络可以提升参与者的参与质量，优化学习者表达观点的方式；(4) 三种网络中整合的"达人"机制也引起参与者关注每期达人，在某种程度上提升了学习者的参与积极性；(5) 调查结果还表明，工具对以讨论和协作为主的课程具有良好适应性，不仅可以辅助教师评估学习过程的进展，还可以促进学习者的认知发展。此外，学习者报告了针对不同类型的网络可视化结果的问题：(1) 社会交互网络中的配色和文字呈现位置有待优化，节点的信息太少导致学习者失去深入探索的兴趣；(2) 话题贡献网络中，主题词提取不够准确，参与者与关键词的双模网络节点过多，网络复杂难懂；(3) 认知参与网络中，认知编码难以理解，存在暴露参与者隐私的问题；(4) 流畅的网络访问体验也是提升工具易用性的共性需求。值得注意的是，在工具的设计和整合的"达人"激励机制方面，工具的设计者和使用者对待"达人"机制的期望却并非完全一致，设计者期望"达人"机制促进并维持学习者的持续性参与，而使用者则希望直接呈现"达人"结果并给出证据，并不会因此加强信息探索。

四、工具设计启示

实证研究结果表明，该类型工具有利于提升学习者的参与意识、促进参与者认知发展、改善学习者在参与过程中的思维表达等。除了为有效实施教学活动提供帮助外，工具的应用还可以促进学习者数字素养的发展。所谓数字素养，是指利用信息技术的手段和方法快速有效地发现、获取、评价信息、整合和交流信息的综合技能与文化素养，是数字时代所需的基本能力。研究所开发的工具不直接向学生提供交互结果的解释，而是需要学习者基于可视化的结果开展探索性操作（点击节点或连线），完成对整个网络结果的解读。因此，这种信息加工流程不仅可以提升学习者信息解读的深度，还可帮助其发展信息素养能力。

该分析工具主要还存在以下三个方面的局限性。首先，社会交互网络和话题贡献网络在不同平台依靠不同的技术路径实现，提取交互关系的方式存在较大差异。其次，认知编码目前尚难以实现机器自动化完成。最后，工具的可用性和有用性属于两个不同方面，提供师生协同的工具固然重要，但并不意味着知识建构能达到预期效果。要发挥工具的有用性，教师需充分将工具整合到课程设计中，在具体的知识协同建构目标引导下，把工具作为脚手架辅助学习者达到学习目标。

综合上述工具开发的过程，本节提出以下五个方面的启示。第一，多种教学场景的应用表明学习者均认同三种网络分析工具对教学活动的开展具有积极意义，但不同教学场景下的学习者对三种分析网络也存在不同感知，因此，我们需考虑不同学习者对学习分析反馈的要求。第二，提升学习者的课程参与是工具设计的初衷之一，但不同课程应用需求的差异导致应用效果难以达到预期，而工具本身不具备适应各种教学情境的能力。因此，基于课程的差异性需求来整合针对性的教学策略是提升工具有用性的一种重要方式。第三，与课程整合的实践还表明必须关注工具的可用性和易用性。可用性主要是针对工具所部署的平台及所能提供的网络访问体验而言。在多轮的实践中，学习者对分析结果访问的流畅度体验不佳，网络的高延时会降低学习者探索分析结果的兴趣，甚至放弃查看分析结果。而易用性则是指学习者容易利用工具提供的分析结果，可视化的图形不宜过于复杂，需要进一步解释三种分析结果中包含的语义。第四，交互设计可以促进学习者进一步探索工具所反映的信息，提升学习者的参与意识，例如，在结果中加入游戏策略机制等方式来提升学生之间的交互。第五，多轮的调查结果反映学习者在意使用过程中的个人信息等隐私问题，尤其是认知参与网络中的隐私保护。我们可以通过学号匿名化处理和自定义用户头像作为节点的方式，在保护其隐私的同时增强交互的趣味性。

第六节　未来发展趋势

从学习分析工具设计开发的角度看，未来的工具开发应当注重信息的实时性、个性化及可解释性。

第一，未来可以考虑实现 AI 支持的实时性的教学分析和学习分析。在作者目前的研究中，大部分学习分析工具需要在获取课堂教学数据后进行人工转录、编码及学习分析可视化反馈工具的制作，需要耗费大量精力对数据进行人工转录、编码及可视化，因此，在更大学生规模的课堂中实现类似反馈无法做到，这使工具的推广应用受到一定限制。AI 支持的实时性教学分析和学习分析有助于解决这一问题，扩大工具的面向对象并实现更加及时的反馈。例如，早在 1997 年，美国威斯康辛麦迪逊大学教育学院教育研究中心所就开发了一个名为 Transana 的平台，能够实现对课堂录像数据进行自动化分析，能够储存约 8000 节课的数据样本，支持研究者和教师对课堂数据进行切割、提取、同步展示文字与录像内容。再如，Hernández 等（2019）基于 MTClassroom（一个由 4 ～ 5 个相互连接的大型桌面和 3 个垂直显示器组成的多屏幕教室环境）的教学背景，通过每个桌面自带的 Kinect 传感器区分学生的触摸操作，从而自动捕捉分析工具中所需的学生行为日志。Martinez-

Maldonad 等（2016）开发的工具则呈现了学生个人和小组的任务进展，将完成任务的情况与教师事先设定的任务标准自动比较，从而向教师提供实时的学习反馈。总之，许多学习分析系统和仪表板都采用自动识别和预测分析来实现学习分析和反馈。

第二，未来工具的开发可以考虑为学生提供更加个性化并兼顾隐私性的反馈，即提供学生的个人学情反馈并辅助以同伴参考值。在大数据时代，通过学习分析技术实现学生的个性化反馈有助于了解学生个体的真实情况，并基于此为学生提供个性化的学习资源、学习活动、学习路径、学习工具与服务等。目前，国内外已有多种能够支持个性化反馈的学习分析系统，例如，某些系统可以预测辍学率或学业成功率并基于此为学生提供个性化的在线学习建议，或是通过学习管理系统自动收集的学习日志来实时获得个性化信息。总之，基于大数据学习分析的个性化学习已成为教育技术的新范式，未来的工具开发可以在人工智能和教育数据挖掘的基础上提高工具的个性化程度，同时兼顾数据的隐私性问题。

第三，未来的工具开发可以更加注重信息的可解释性，研究人员可进一步优化信息呈现的直观性，并为教师和学生提供更加详细的行动支持。前人的研究表明，针对一些需要耗费较多注意资源的可视化反馈图（如有关行为、话语的时序图），数据素养不足的学生通常很难在没有外部支持的情况下快速理解分析结果、识别有用信息并采取行动。对教师而言，尽管教学分析有助于其理解教学过程，但在教师信息素养不足的情况下，教师对教学分析工具的使用将会存在障碍；对信息素养较高的教师来说，引出可操作的信息加以改进的过程也通常是一项繁琐的任务。因此，未来的学习分析工具可以向师生提供更加直观的反馈信息和更加详细的行动指导，为教师和学生进一步提供基于证据的建议，将数据分析和反馈转化为反思性的见解，例如在工具中提醒学生与参与度较低的同龄人互动、为教师提供实时的学情提示信息等。

本章小结

本章主要介绍了学习分析实施中工具或系统的设计和应用，根据受众不同分为：面向教师的分析工具，用以检查和调整教学设计、了解和回应个体学习者的活动模式、协调小组及集体层面的学习过程；面向学习者的分析工具，用以反思学习，从而引发自我调节的正循环；面向管理人员的分析工具，用以理解教育机构业务运行的相关因素。本章针对三种学习分析工具列举了大量前人的研究和具体工具案例，以帮助读者了解不同学习分析工具的特点、功能和意图，最后介绍了作者研究团队开发的一款学习分析工具的迭代设计及实施改进的具体流程，并提出了学习分析工具未来发展的建议。

思考

1. 请分别阐述面向教师、学习者和管理人员的学习分析工具的特点，以及其需要实现哪些功能。

2. 请阅读本章以外文献并分别例举面向教师、学习者和管理人员的具体学习分析工具。

CHAPTER 6

第六章
学习分析实施实例

本章主要介绍作者研究团队及作者参与的研究团队所开展的五个学习分析实施案例，分别是开发社会学习分析工具包促进学生在线讨论参与度、中国大学慕课中社会学习分析工具的实施及其影响、三种网络可视化对学生在线讨论参与度的影响、利用面向学生的社会学习分析工具促进在线协作写作、传统面对面课堂中学习分析工具的开发和实施。第一个实例开发并运用社会学习分析工具包 CanvasNet，分析展示学生在在线讨论中的社会参与度及讨论的关键词，旨在将以上信息反馈给学生并提升学生的讨论参与度。第二个实例探究了社会学习分析工具对中国大学慕课中学习者的讨论模式、使用感知和偏好的影响，进而为慕课的设计、实践和研究提供理论、教学和分析启示。第三个实例比第一个实例整合了更多的学习分析方法，包括社会网络分析、认知分析和语义分析等，研究者使用工具依次为学生设计无干预、社会网络干预、话题网络干预和认知网络干预四种干预环节，探究学生在四个阶段所呈现出的不同的学习表现和认知结构。第四个实例设计并实施了一个面向学生的社会学习分析工具，基于高等教育环境的在线协作写作活动展开，实证研究表明，该工具提高了学生的社交和认知参与度。第五个实例基于传统课堂教学环境展开，研究开发了一款同时面向教师及学生的学习分析可视化反馈工具，并探究其对高校小班本科课程教学过程的影响，并进一步从工具的开发、教学实践及教育研究层面提出了启示。总体来说，本章详细介绍了学习分析实施过程，帮助读者了解学习分析工具开发流程，对将来有效地实施学习分析应用起到引导和启示作用。

第一节　开发社会学习分析工具包促进学生在线讨论参与度

第一个案例来自明尼苏达大学陈伯栋副教授于 2018 年在 *The Internet and Higher Education* 上发表的论文，论文名称为“Fostering student engagement in online discussion through social learning analytics”。该研究设计了一个名为 CanvasNet 的社会学习分析工具包，具有将论坛讨论数据转化为供学生反思的信息的功能，从而促进学生在在线课堂中的讨论。社会学习分析工具包由两部分组成（如图 6–1），一个从小组和个人层面显示的可视化交互式社会网络和一个包含讨论中常用词汇和当前用户未使用词汇的可视化词云图。在可视化网络中，学生将鼠标放在一个节点（代表一个学生）上可检查社会网络中该节点信息及其连接节点的情况；在词云图中，学生点击词汇可检查其使用次数。学生在两种可视化中均可调整日期范围，选择隐藏或显示教师。总之，该工具为学生开展深度学习提供了更丰富的信息和更多机会。

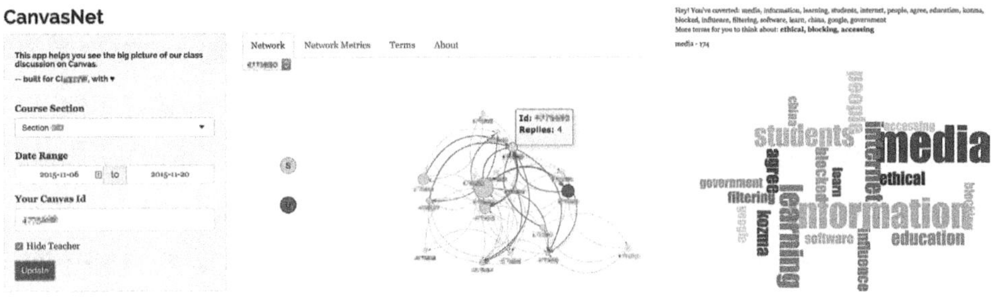

图 6–1　社会学习分析工具包 (Version 2)

注：左图为社交网络分析，呈现了学生互动的可视化网络，默认隐藏教师，且学生可以通过与可视化网络的互动来识别自己、探索各自互动的对象。“网络指标”标签提供了基本的社交网络指标(如度和密度)。右图为词汇分析，词云图将论坛帖子中最常用的词汇形象化呈现，且图片顶部提供额外信息来突出提示目前学生在本学期中已经频繁提到和尚未提及的内容。

社会学习分析工具包在在线课程中的第一个试点研究揭示了该工具包的成效与挑战。首先，内容分析显示，学生倾向于尝试寻求同伴回应他们的文章，并更多地思考个人的参与情况。此外，也有一些学生认为该工具难以使用或没有效果，特别是对加强论证、反思讨论过程等方面没有显著成效。其次，研究也揭示了工具包的有用性和可用性。a 组 16 名（共 20 名）学生和 b 组 11 名（共 19 名）学生报告了社会学习工具包在监控发帖行为、设定参与目标等方面的有用性。然后，学习者的点击日志提供了学习者与社会学习工具交互的证据，其中记录用户操作的工具包括启动工具、查看工具（网络可视化图、网络级度量、个人级度量和云图）及点击词云图中的关键词汇。最后，研究指出一些学生发现该工具在在线讨论中提供更有力的论证或反思小组过程等其他方面也没有显示出益处。例如，一些学习者尝试了社会学习工具，但认为它“提供了很多不必要的信息，不是很有帮助”或“没有真正提高我的学习能力”。总体而言，学生用户对社会学习工具进行了较为广泛的使用和探索，感知到了不同程度的有用性和可用性。

第二节　中国大学慕课中社会学习分析工具的实施及其影响

第二个例子探究了在提供社会学习分析工具支持的中国大学慕课学习情境下，学习者在学习过程中呈现出的讨论模式、使用感知和偏好等情况，该研究为作者团队于 *International Review of Research in Open and Distributed Learning* 上发表的论文，论文名为“Learners' discussion patterns, perceptions and preferences in a China's Massive Open Online Course（MOOC）”。该案例的研究背景是“中国大学 MOOC”平台上举办的一门为期 8 周的在线课程，课程名称是“学习分析在教学设计、实践和研究中的应用”。这门在线课程内容包括学习和教学理论、学习分析概念、技术和工具、案例研究和 R 编程实践。这项研究是在 2019 年 11 月至 2019 年 12 月，慕课的第一次课程开设期间完成的，总共有 850 名在线学习者参加了这期学习。

在该研究中，教师团队通过整合教学策略、学习分析工具和社会学习环境的方式来促进学习者参与讨论。首先，教师使用了知识建构和相关提示的教学策略，即分享和比较信息、阐述观点、探索观点之间的不协调性、有意义的协商、知识综合（如图 6–2）。其次，从技术方面，课程团队设计了一个面向学生的学习分析工具，通过社会交互、话题和认知网络来展示学习者的讨论过程。交互网络展示了学习者与他人的社会互动；话题网络展示了学习者对关键词的使用；而认知网络则展示了学习者在他们的帖子中表现出的五个认知方面（即概念、程序、事实、策略和信念）。最后，课程团队还通过微信的群组功能和 MOOC 论坛建立了一个社会学习社区，学习者可以通过这个社区建立归属感。

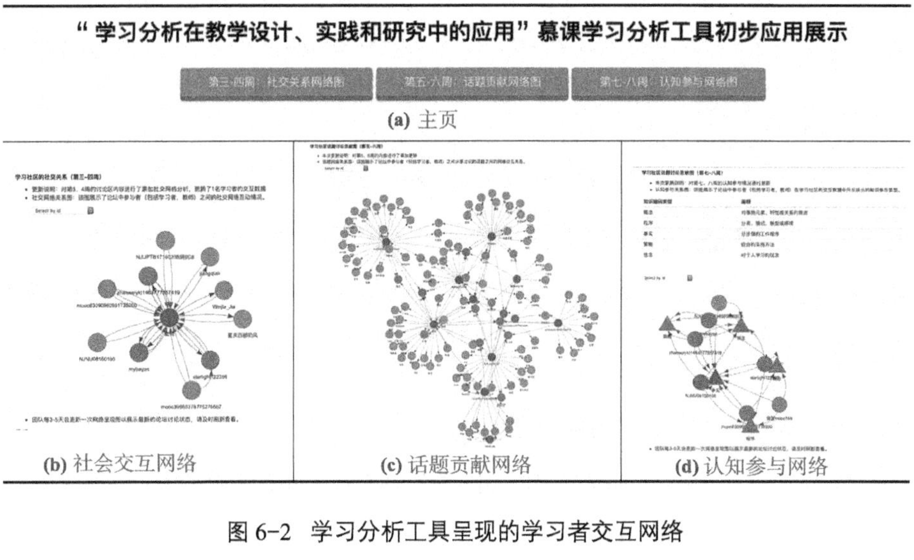

图 6–2　学习分析工具呈现的学习者交互网络

为了探究学习者在整个慕课学习过程表现出的讨论模式、看法和偏好，该研究收集了三个方面的分析数据：MOOC 讨论区的帖子和评论内容、微信群组中与教学内容相关的内容、半结构的访谈内容及学生撰写的自我反思日志。此外，该研究还采用了混合的研究方法对这些数据进行了综合分析，包括社交网络分析、内容分析、主题分析等数据分析方法。

数据分析结果表明，在该教学情境下的学习者呈现不同的参与模式。Ling作为一个领导者角色，不仅积极回复他人的评论，而且还经常得到他人的回复。此外，Ling有一个高水平的IKI（得分=56）和一个高水平的GKC（得分=34）。作为影响者角色的Hu，从他人那里得到了相对较高频率的回应，并以中等水平的频率回复他人。Hu有一个高水平的IKI（得分=87）和一个低水平的GKC（得分=3）。Jun是一个启动者的角色，他积极回复他人的评论，但得到的回复频率较低。Jun对中等水平的IKI（得分=54）和高水平的GKC（得分=28）也有贡献。综合来看，社交活跃的学生（如领导者、启动者、影响者）往往在个人和小组层面做出更多的知识贡献。对影响者角色的分析表明，学习者可能会更频繁地回复那些在最初的评论中表现出高水平的IKI的人。对启动者角色的分析表明，主动发起互动的学习者倾向于表现出更高水平的GKC。如果网络中存在自然形成的子群体，作为子群体之间的桥梁，Wei具有较高的调节影响。Wei既回复了别人，又以中等水平的频率收到了回复。此外，Wei对中等水平的IKI（得分 = 25）和中等水平的GKC（得分=13）也有贡献。Zhao是一名常规的学习者，他回复他人并获得中等频率的回复。Zhao的IKI为中等水平（得分 = 41），GKC为低水平（得分 = 5）。综上所述，中等水平的社会参与性与对个人和群体知识的贡献水平是一致的。最后，Xu是一个既不主动回复同伴也不经常获得回复的边缘人。Xu的IKI水平较低，得分为11分，GKC水平较低，得分为3分。因此，社交不活跃的学习者对知识的贡献程度最小。

另外，学习者们从教学策略、社会学习环境和学习分析工具的角度阐述了他们在慕课学习过程中的使用感知。首先，关于教学策略，在6个参与者中，积极的学习者倾向于对知识建构策略持积极看法，他们认为参与讨论、社会互动和同伴分享是促进其知识贡献的积极因素。例如，Ling提到“在这种知识建构过程中，学习者更有可能建立起一个学习共同体，这是非常有益和重要的”。这些社交和认知活跃的学习者也强调了教师参与的重要性，特别是教师的回应、想法的产生和讨论的推进是促进他们知识贡献的积极因素。例如，Hu 提到了对教师回应的影响，他说“……当老师在论坛上回复我时，我会把它当作一种鼓励，下次会做得更好……”相反，不活跃的学习者则倾向于感知课程中的困难、时间消耗和课程设计等问题。其次，关于社会性学习环境，积极和不积极的学习者都认为建立社会性的、支持性的学习社区对促进知识贡献很重要。尽管该研究没有关注社会性的、非主题的讨论，但参与者的回答确实显示了这些社会性讨论的重要性。关于 MOOC 讨论中的社会学习工具的支持，大多数学习者回答说，学习分析工具在某种程度上帮助他们理解和反思讨论。他们也指出了这个工具的缺点，并提出了修改建议，包括整合功能、实时可视化和工具的简易性，以更好地表现和支持学习者的知识建构过程。最后，从学习者对知识建构的自我反思中可以看出，除了在线讨论之外，知识应用、扩展学习和线下合作是学习者的三大偏好。例如，尽管 Hu 对理解一些课程论文存在困难，但是当这个知识点有可能应用到实践中时，她就会回顾当时积极参与的信息。Xu 还提到了一个扩展编程学习的细节。她说:“我是一个编程的初学者……所以我通过一个在线渠道购买了一系列的 R 视频及 R 书籍来学习更多的知识。”另外，Jun 还回忆起她在慕课中遇到的另一位学习者的线下合作:“虽然我不擅长分析技术，但小组里有几位专家……Ling 似乎很擅长数据分析，我给他打了个电话，他愿意在我的研究项目上与我合作。”

总的来说，将社会学习分析工具应用于慕课学习环境，可以帮助教师揭示学习者在学习过程中表现出的不同模式、看法和偏好，为慕课的设计、实践和研究提供了理论、教学和分析上的证据。

第三节　三种网络可视化对学生在线讨论参与度的影响

第三个例子探究了三种不同的学习分析可视化网络对学生在线讨论中社会认知参与的影响。该研究为作者团队 2021 年发表于 *British Journal of Educational Technology*的论文，名为“Effect of three network visualizations on students' social-cognitive engagement in online discussions”。研究环境为浙江大学为期 8 周的教育技术专业研究生课程“信息技术与教育”，共 19 名学生（10 名女生和 9 名男生）参加。课程采用在线授课形式，使用“学在浙大”在线学习管理系统，由“钉钉”提供支持与服务。其中，课程教师设计开放式、探究式的讨论作为教学活动，引导学生在钉钉平台上开展同步讨论和在“学在浙大”论坛上开展异步讨论。

研究采用基于设计的方法设计了一种面向学生的分析工具，利用社会网络分析、语义分析和内容分析方法生成三种类型的可视化网络，即社会交互网络（学生—学生互动网络）、话题网络（学生—词汇术语网络）和认知网络（学生—认知网络）（如图 6-3）。该工具嵌入在课程平台网页中，每周更新 2 次。

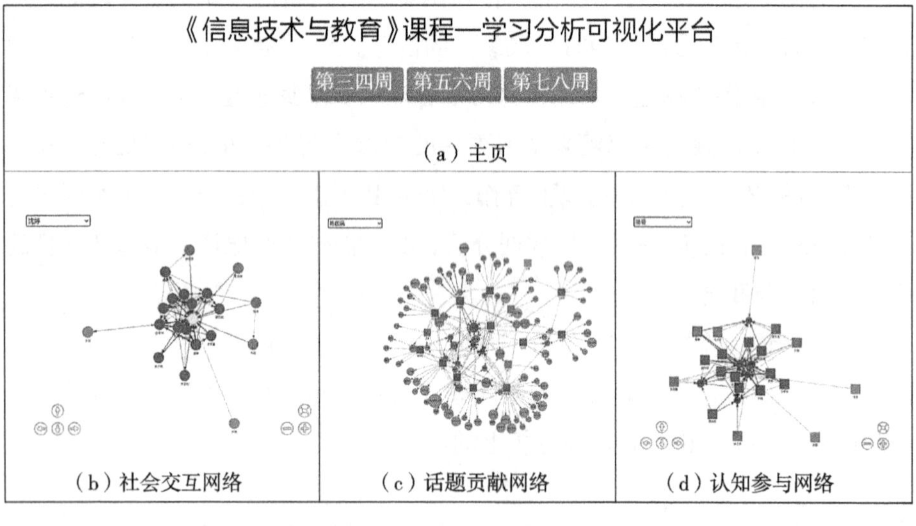

（a）主页
（b）社会交互网络
（c）话题贡献网络
（d）认知参与网络

图 6-3　社会学习分析工具

实验设计了四个阶段的干预（见表 6-1），包括不干预的控制阶段（第 1 周和第 2 周）、社会网络干预阶段（第 3 周和第 4 周）、话题网络干预阶段（第 5 周和第 6 周）和认知网络干预阶段（第 7 周和第 8 周）。

表 6-1　实验干预设计

阶段	干预	描述
第一阶段	无干预	未提供可视化网络。
第二阶段	社交网络	学生—学生网络展示了学生在讨论中的互动（基于回复关系）；在网络中，两个学生之间由线段连接，学生的互动频率（即两个学习者之间的回复数量）显示在连线上。
第三阶段	话题网络	学习者—词汇术语网络展示了学习者对主题术语的使用；在网络中，学习者与术语之间的联系用连线表示，学习者使用术语的频率显示在连线上。
第四阶段	认知网络	学习者—认知网络展示了学习者的认知参与深度；在网络中，学习者与认知编码之间的联系用连线表示，表示学习者在个人认知探究（最初的发帖）和群体知识建构（与同伴互动）中的认知参与深度。

研究问题围绕学习者不同的社会参与角色和角色在不同干预阶段的社交—认知参与展开，分别为：（1）社会参与角色能否预测四个阶段中学生的认知参与；如果可以，三种社会角色在认知结构上有何区别？（2）干预阶段能否预测三种角色的认知参与；如果可以，这些干预措施如何影响每个角色在四个阶段的认知结构变化？研究收集了学习者生成的同步和异步讨论数据，共计 972 个文本片段。

研究利用社会网络分析、内容分析和认知网络分析等混合分析方法对收集的数据进行分析。第一，社会网络分析用于确定三种学习者社会参与角色，即领导型学生、普通学生和边缘型学生，反映了学习者在四个阶段的社会参与水平。其中，原始数据集被转换为有向的、加权的交互网络数据集；方向表示某一位学习者回复了或提到了其他学习者，权重则表示回复的数量。社会参与角色是根据参与程度（由出度中心性和出接近中心性反映）、影响力（由入度和入接近中心性反映）和中介作用（由中介中心性反映）三类指标确定。领导型学生具有较高的参与度、影响力和中介作用；普通学生具有中等水平的参与度、影响力和中介作用；边缘型学生具有低水平的参与度、影响力和中介作用。第二，内容分析用于检查和编码学习者在发帖内容中的认知参与水平（见表 6-2）。第三，认知网络分析用于检查学习者不同社会参与角色的认知结构随时间的变化。该方法使用在线网页 ENA Webkit（epistemicnetwork.org）完成认知网络分析与可视化。认知网络分析首先展示了四个干预阶段的整体认知网络结构图；其次，比较了三种角色在每个阶段的认知结构差异（即领导型学习者与普通学习者、领导型学习者与边缘型学习者、普通学习者与边缘型学习者之间的认知差异）。此外，认知网络分析对角色在不同干预阶段的比较也采用相似逻辑。首先，展示每个角色的整体认知网络结构图；其次比较不同干预阶段和第一阶段的认知结构（即分别比较阶段二和阶段一，阶段三和阶段一，阶段四和阶段一），旨在揭示每个角色不同阶段的总体差异和细节差异。最后，研究利用里克特五级量表问卷展开课后调查，询问学习者是否使用了该工具及他们对该工具的看法。

表 6-2　认知参与编码方案

维度	编码	描述	示例
内容	信息分享（Sha）	学习者只是分享信息，而不表达自己的观点。	本文指出，联通理论实际上是慕课的基础理论。但由于国内网络学习中缺乏“沟通”文化，导致网络学习的脱节。
	观点表达（Exp）	学习者只表达他 / 她的观点或想法，重复他人的想法或建议，简单表示同意或者不同意。	我认为网络学习者有不同的接受倾向，因为他们的背景不同。
	观点阐释（Ela）	学习者以详细的解释、引用信息支持或例举证据来表达他 / 她的观点或想法。	在线环境适用于基于项目或讨论的学习。然而，在高职教育环境下，网络学习还存在许多问题。我的一些同事也认为在网络环境下很难监控学习者的学习过程，需要多次提出问题来吸引学习者注意力。
争论	引发思考（Eli）	学习者提出问题，以引出同龄人的观点或想法。	不互动，不学习。在慕课讨论中如何界定学习者的学习态度?
	同伴回应（Res）	学习者通过“回复”或“@”功能对同伴做出回应。	@陈，是的，但是有些老师忽视了信息技术的影响，有些人因为旧习惯而不改变。

研究从不同的社会参与角色视角和角色在不同干预阶段视角阐述研究结果（如图 6-4）。从不同社会参与角色视角看：第一，在第一阶段无干预的整体认知网络图中，领导型学生和普通学生具有相似认知结构，倾向于在回应同伴时表达和阐述观点；边缘型学生则具有不同的认知结构，倾向于分享信息的同时进一步引发同伴回应。第二，在社会网络干预的第二阶段中，三种不同的社会参与角色具有不同的认知结构，在表达及引出问题的环节中，领导型学生倾向于与同伴互动；普通学生倾向于分享一些信息，同时表达自己的观点；边缘型学生与同伴互动较少，但在分享信息后能进行深度的阐述。第三，在话题网络干预的第三阶段中，领导型学生和普通学生在回应同伴时具有相似的认知结构，即在分享信息的同时表达观点；边缘型学生的认知结构则差异显著，只有 Sha-Exp 的认知联系，但这种联系比领导型学生和普通学生的都要明显。第四，在认知网络干预的第四阶段中，具有三种角色的学习者具有不同的认知结构：领导型学生比普通学生和边缘型学生更多地参与同伴互动和引出问题的认知活动；尽管边缘型学生的社会参与水平较低，但他们依旧具有阐述高水平认知的观点的倾向。

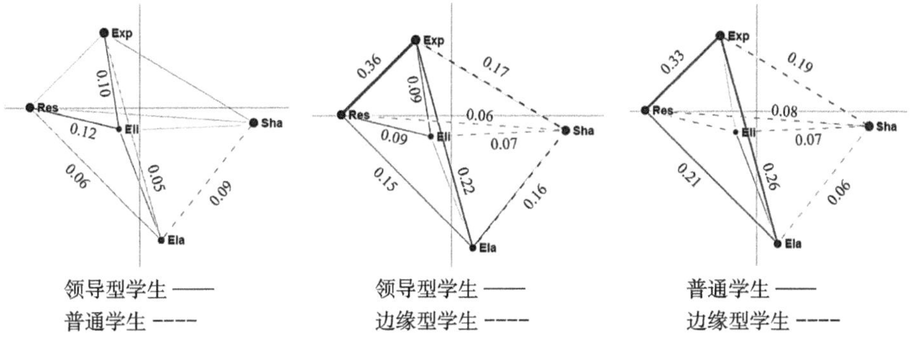

（a）领导型学生 & 普通学生　（b）领导型学生 & 边缘型学生　（c）普通学生 & 边缘型学生

第一阶段角色间比较

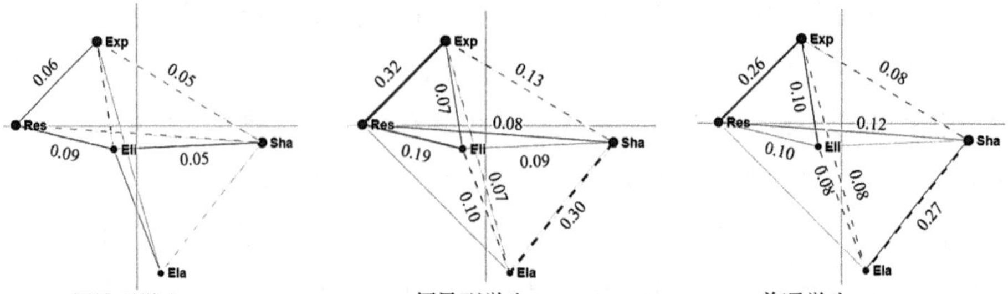

领导型学生 ——
普通学生 ----
（a）领导型学生 & 普通学生

领导型学生 ——
边缘型学生 ----
（b）领导型学生 & 边缘型学生

普通学生 ——
边缘型学生 ----
（c）普通学生 & 边缘型学生

第二阶段角色间比较

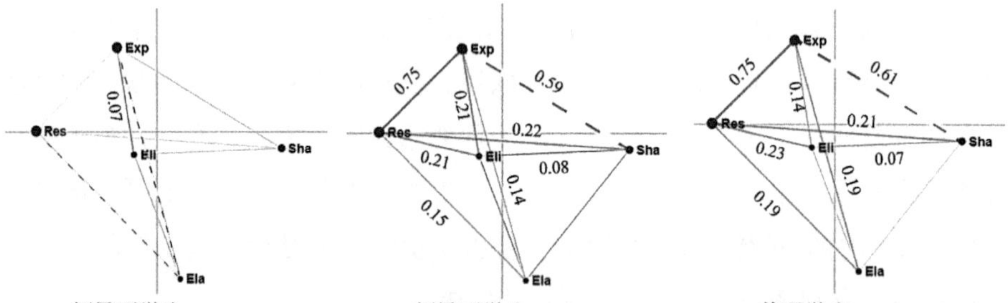

领导型学生 ——
普通学生 ----
（a）领导型学生 & 普通学生

领导型学生 ——
边缘型学生 ----
（b）领导型学生 & 边缘型学生

普通学生 ——
边缘型学生 ----
（c）普通学生 & 边缘型学生

第三阶段角色间比较

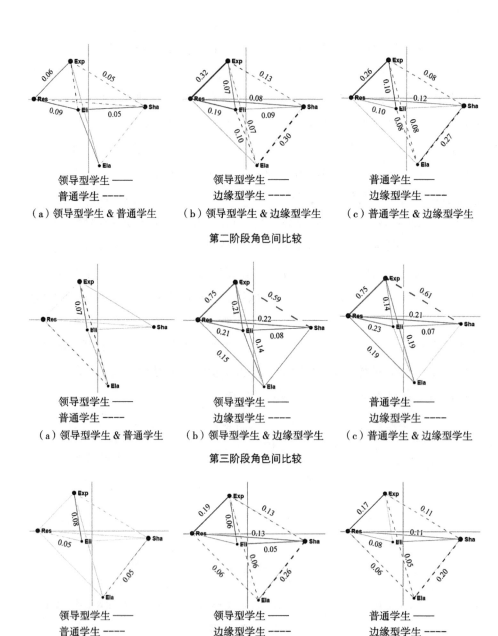

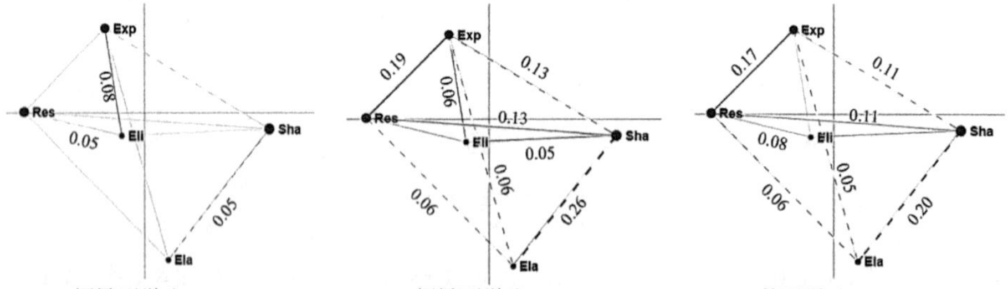

领导型学生 ——
普通学生 ----
（a）领导型学生 & 普通学生

领导型学生 ——
边缘型学生 ----
（b）领导型学生 & 边缘型学生

普通学生 ——
边缘型学生 ----
（c）普通学生 & 边缘型学生

第四阶段角色间比较

图 6-4　四个阶段角色间比较 ENA 结果

从角色在不同干预阶段视角来看，从不同角色在四个阶段的整体认知网络图（如图 6-5）可得到以下三点结论。第一，领导型学生在四个阶段有不同的认知结构，在启发性和回应性认知活动方面始终有很强的关联，体现了他们的社会话语特征。通过比较第二、第三、第四阶段和第一阶段领导型学习者的认知结构可知，领导型学生在第二阶段有更强的 Sha-Eli 连接关系，在第三阶段有更强的 Res-Exp 连接关系，在第四阶段有更强的 Res-Sha 连接关系。第二，普通学生在第一阶段和第二阶段有相似的认知结构，但在第三阶段和第四阶段表现出相对不同的认知结构。与第一阶段相比，普通学生在第二阶段有更强的 Sha-Exp 连接关系，在第三阶段有更强的 Res-Exp 和 Res-Eli 连接关系，在第四阶段有更强的 Res-Sha 连接关系。与领导型学生类似，普通学生也有和同伴回应相关的认知结构。第三，边缘型学生的认知结构也在四个阶段中发生了变化。与第一阶段相比，边缘型学生在第二阶段有更强的 Res-Exp 和 Res-Sha 连接关系，在第三阶段和第四阶段有更强的 Sha-Exp 连接关系。因此，边缘型学生在第二阶段倾向于同伴回应方面的认知结构，但这种社会特征并没有维持到第三阶段和第四阶段，在这两个阶段边缘型学生倾向于分享信息的同时表达自己的想法。

第一阶段 ----
第二、第三、第四阶段——

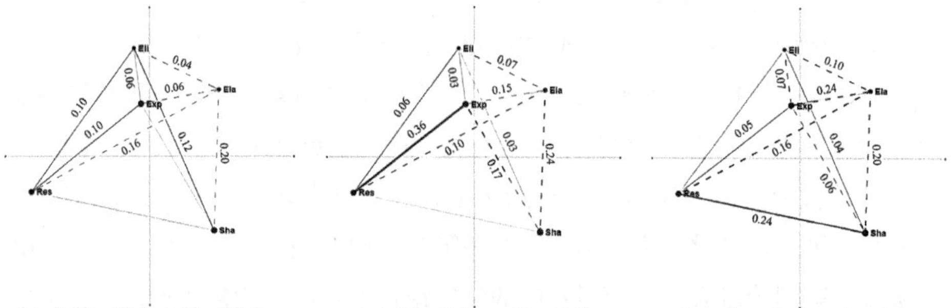

（a）第一阶段 & 第二阶段　（b）第一阶段 & 第三阶段　（c）第一阶段 & 第四阶段

领导型学生阶段间比较

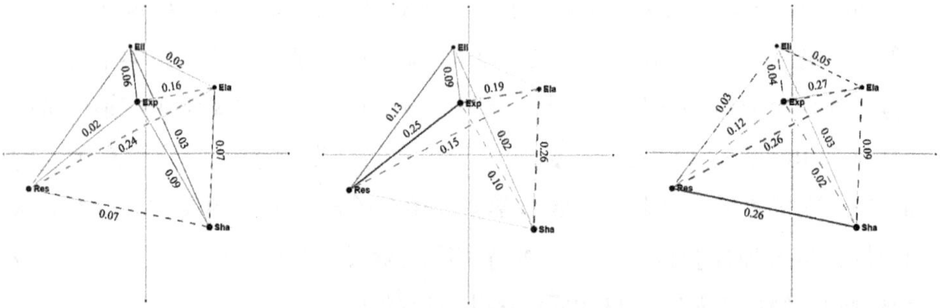

（a）第一阶段 & 第二阶段　（b）第一阶段 & 第三阶段　（c）第一阶段 & 第四阶段

普通学生阶段间比较

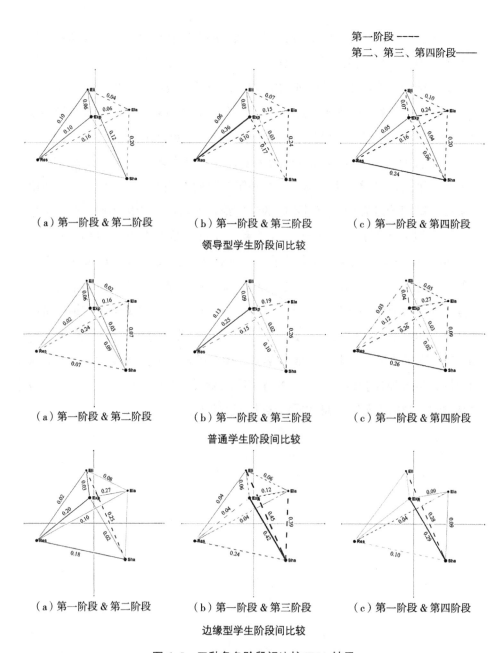

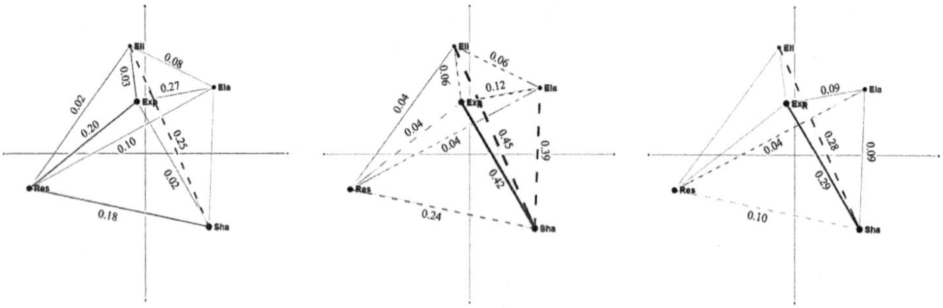

（a）第一阶段 & 第二阶段　（b）第一阶段 & 第三阶段　（c）第一阶段 & 第四阶段

边缘型学生阶段间比较

图 6-5　三种角色阶段间比较 ENA 结果

第四节　利用面向学生的社会学习分析工具促进在线协作写作

第四个例子为作者研究团队 2021 年于 *Journal of Computer Assisted Learning* 上发表的论文，论文名为“Promoting student engagement in online collaborative writing through a student-facing social learning analytics tool”。该案例基于高等教育在线协作写作环境展开，研究团队开发了一款社会学习分析工具，该工具结合了统计分析、词汇分析及网络可视化支持的语义分析，旨在促进学生在在线协作写作中的社交参与和认知参与。研究环境为浙江大学海洋学院于 2020 年冬季开课的、为期 8 周的研究生学术写作课程，28 名学生参与了该课程学习，包含 10 名女生及 18 名男生。学生被随机分配成 14 对。学生需要在浙大云盘协作完成一篇文献综述的写作任务，浙大云盘可自动记录编辑痕迹。

该研究所开发的社会学习分析工具共包含两轮迭代过程。首先，工具的第一次迭代包括三个交互式可视化图，即交互频率图、词云图、词共现网络图。其中交互频率图提供了学生社交互动的基本统计数据，包括原始写作内容的数量、同伴修订的数量及评论数量（如图 6-7a）；词云图呈现了学生在写作中经常使用的关键词（如图 6-7b）；词共现网络图呈现了学生在在线协作写作内容中关键词与关键词之间的联系（如图 6-7c），旨在帮助学生了解关键词之间的联系结构并支持学生理解自身的认知参与。总体而言，通过该社会学习分析工具，学生能够进一步理解他们的社交互动和参与、关键字的使用、认知参与及同伴参与。

（a）交互频率　　（b）词云　　（c）词共现网络

图 6-7　第一次迭代的学习分析干预工具

随后，该社会学习分析工具基于学生对社会学习分析工具的访谈进行了第二次迭代（如图 6-8）。第一，更新后的工具为学生提供了教师总结和反馈，鼓励学生在了解同伴的写作内容、格式和风格后采取进一步的行动，例如，该工具呈现了教师对学生写作进度的认可及关于如何改进写作格式的反馈（如图 6-8a）。第二，该工具提供了来自同伴的比较信息和参考资料，包括修订次数、社交互动频率、另一名学生就同一主题撰写的关键词等（如图 6-8）。

（a）交互频率　　（b）词云　　（c）词共现网络

图 6-8　第二次迭代的学习分析干预工具

本研究将学生随机分成两大组开展。第一阶段中，A 组使用第一次迭代工具，而 B 组不使用工具；第二阶段中，A 组和 B 组均使用第二次更新迭代的工具（见表 6-3）。研究收集了基于在线平台的写作痕迹、书面文本内容、第一阶段后的中期个人反思、最终个人反思和深度访谈等数据。研究采用混合式的量化研究和质性研究结合的方式分析相关数据。首先，为了分析学生的社会参与，本研究基于个人贡献和同伴修正进行编码；其次，在认知维度上，研究分析了学生的认知集中度、认知丰富度和认知深度；最后，研究通过学生访谈和反思数据的定性分析检查了学生对该工具有用性、可用性的看法。

表 6-3　实验分组及工具实施情况

阶段	A 组	B 组
第一阶段	第一次迭代工具	不使用工具
第二阶段	第二次迭代工具	第二次迭代工具

研究结果表明，第一，在社会参与方面，社会学习分析工具在在线协作写作过程中提高了学生的社会参与度，具体包括原创性贡献、宏观结构修订、微观结构修订、意义保留修订、格式修订等方面。方差分析表明，在第一阶段中，两组学生之间存在显著差异，A组中的微观结构修正（$M = 88.86, SD = 137.35$）比B组（$M = 12.43, SD = 35.04$）更多。描述性统计表明，A组也表现出了更多的原创性贡献、意义保留修订等。ANOVA分析结果表明，B组在两次迭代之间没有显著差异。因此，结论是社会学习分析工具促进了学生的社会参与度。第二，在认知参与方面，在社会学习分析工具的支持下，A组在第一阶段的表现优于B组，而B组在第二阶段中的表现优于第一阶段。例如，方差分析表明，第一阶段中A组和B组在共享关键字数量（$F = 5.52$，$p < 0.05$）、共享关键词频率（在认知集中维度下）（$F = 4.94$，$p < 0.05$）、认知探索（$F = 9.44$，$p < 0.05$）等维度存在显著差异。结论表明，该社会学习分析工具可以促进学生在在线协作写作活动中的认知参与。第三，在工具的可用性和实用性方面，大多数学生报告他们使用了该工具：12名学生（共计14名）明确表示他们在第一阶段中使用了该工具，25名学生（共计28名）则明确报告他们在第二阶段中使用了该工具。此外，大多数学生认为该工具在在线协作写作过程中是有效的，主要包含三个方面的优点：其一，工具有助于改进自我或同伴的监督和反思；其二，工具有助于促进同伴互动；其三，工具能够帮助学生反思书面写作的内容。

本研究从工具开发及教学实践两个层面提出了启示。首先，在工具开发层面，第一，学习分析工具可视化表示融入协作学习情境中可有效地帮助学生识别问题并指导进一步的行动；第二，工具的开发应考虑教学情境、学生对技术的接受程度及学生需要或在意的反馈；第三，在社会学习分析工具设计中，研究人员应认真考虑可视化反馈的指标以满足学生的学习需求和目标，并意识到社会比较的负面影响。其次，在教学支持方面，教师应综合考虑学生元认知能力、教学反馈和学生协作特征，以促进社会学习分析工具与教学的结合。第一，教师应充分了解写作任务的自然特征和时间进度，将这些特征与工具提供的反馈相结合，相应地调整教学指导和反馈；第二，教师应有意识地引导学生反思工具中展示的信息，并培养学生对自己和同伴开展元认知的能力；第三，教师应考虑学生的协作特征，以更好地将工具与教学相结合，例如，仔细设计写作主题、小组分配、考虑设计社交活动来加强同伴交流等。

第五节　传统面对面课堂中学习分析工具的开发和实施

第五个例子基于传统课堂教学环境开展，开发了一款学习分析可视化反馈工具，并探究其对高校小班本科课程教学过程的影响。该研究为编者研究团队于第 26 届全球华人计算机教育应用大会（GCCCE 2022）上所发表的论文，论文名为《学习分析可视化反馈工具对高校课堂教学及学习的影响研究》。该研究环境为浙江大学的本科生面对面课程“教育中的数据科学”，课程以小班的形式开展（7 名学习者），共计 32 课时（共 8 周，每周 4 课时；每周 2 次课，每次 2 课时），每课时包含授课活动、讨论活动及项目实操（不纳入本研究）三个阶段，每个阶段持续 30 分钟。该研究所开发的工具通过人工收集、清洗、分析并可视化呈现教师和学生的课堂行为话语，包括面向学生的及面向教师的学习分析两个模块。该研究的研究问题为：在三个不同的实验阶段中，学习分析可视化反馈工具对教师教学、学生学习分别有何影响?

研究人员使用 R 程序以交互式网页的形式进行了学习分析可视化反馈工具的开发，为教师和学习者分别提供教学反馈和学习反馈，并在每次课程结束后更新。

首先，是面向教师的可视化反馈，研究人员对教师授课和讨论活动的行为和语言分别提供时序图（如图 6-9a）和占有率图（如图 6-9c）。使用者可以通过交互获取时间、行为类型、话语内容等信息（如图 6-9a）。另外，学习分析可视化反馈工具还包含了教师授课活动的词云图（如图 6-9b ）和讨论活动的社交网络图（如图 6-9d）。

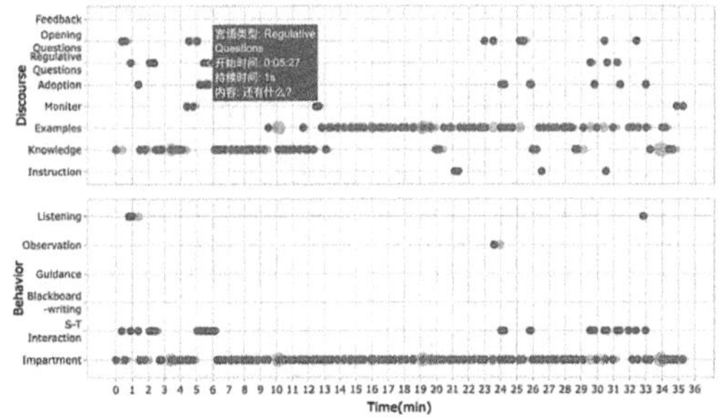

（a）教师授课活动、讨论活动行为语言时序

（b）教师授课活动词云

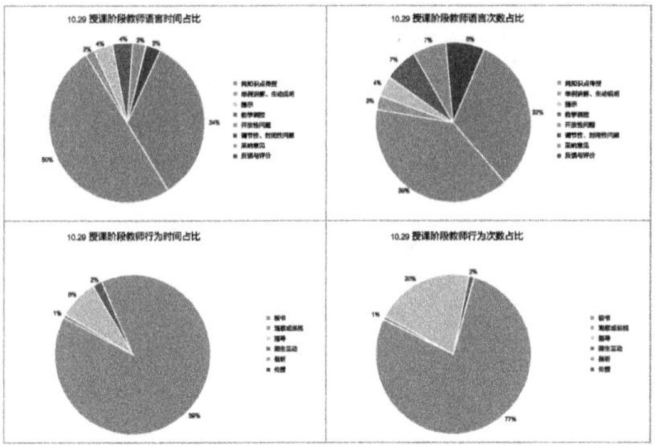

（c）教师授课活动、讨论活动占有率

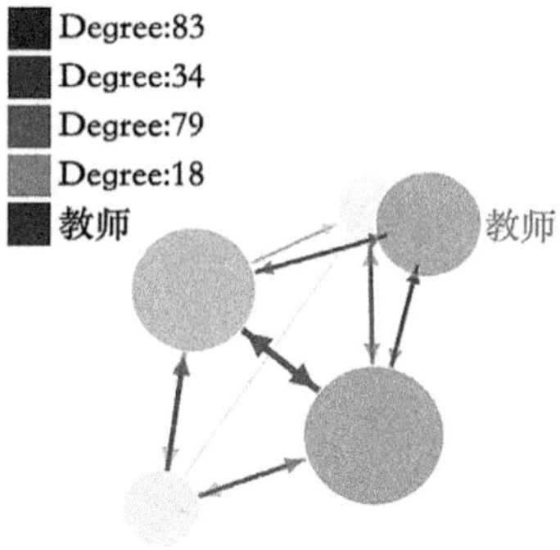

（d）师生讨论活动社交网络

图 6-9　教师学习分析可视化反馈

其次，是面向学生的可视化反馈，研究人员对学生授课活动的学习行为绘制时序图（如图 6-10a ）。该时序图以每 10 秒为记录单位，气泡的横纵坐标分别代表行为的开始时间及行为编码，大小则表示该时间某行为的学生人数，使用者可以通过交互获取时间、行为类型、人数等信息（如图 6-10a）。另外，工具还包含了讨论活动中根据两个随机小组讨论情况绘制的词云图（如图 6-10b）。

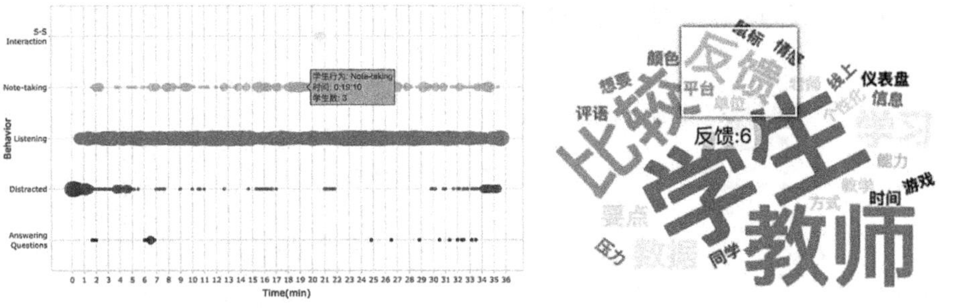

（a）学生授课活动行为时序　　　　（b）学生讨论活动词云

图 6-10　学生学习分析可视化反馈

工具的实施基于三个实验阶段开展，分别是控制阶段（1 ～ 4 次课，教师和学生不会收到可视化反馈和教学建议）、实验阶段 I（5 ～ 8 次课，教师和学生在每节课后获得可视化反馈，无教学及学习建议）、实验阶段 II（9 ～ 12 次课，教师和学生在每节课后获得可视化反馈和教学及学习建议）。教学及学习建议的反馈由研究人员以文字形式向教师和学生发送（如图 6-11）。

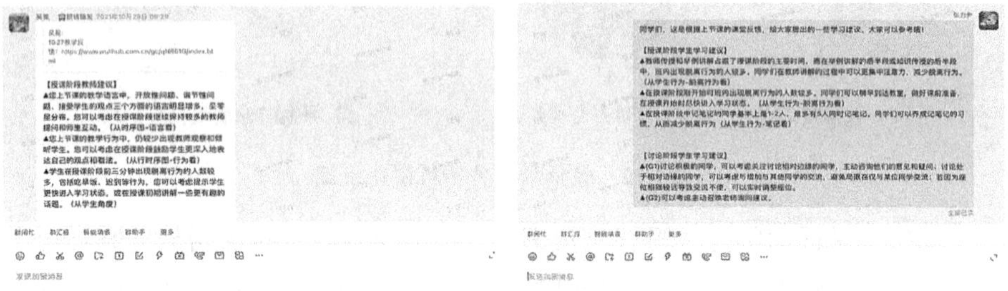

（a）教学建议　　　　（b）学习建议

图 6-11　教学及学习建议的反馈

研究的原始数据与学习分析可视化反馈工具中分析和反馈的原始数据一致，具体包括课堂录像数据（教师行为、学生行为）、课堂录音数据（教师话语、学生话语）、访谈录音数据（教师访谈、学生访谈）。为了回答研究问题，研究人员采用混合式研究方法从定量和定性角度对比三个阶段中教师和学生的行为、话语及交互特征，并辅助以深入访谈的主题分析，旨在探究学习分析可视化反馈工具对三个阶段中教师教学和学生学习的影响。具体来说，本研究首先采用谈话分析、视频分析进行初步分析，然后利用基本统计分析、滞后序列分析、认知网络分析、时序分析、社会网络分析等方法开展二次分析，最后采用针对访谈数据的主题分析从质性角度辅助论证研究结果。

研究结果将从教师行为、教师话语、学生行为及学生话语及师生互动五个方面展开。第一，教师行为方面，教师在三个阶段的授课和讨论活动的倾听、师生互动行为逐渐增加，意味着教师发生了更多与学生直接有关的教学行为，此外教师在三个阶段讨论活动的知识讲授和观察行为的频率也逐渐增加。第二，教师话语方面，教师授课话语和讨论话语的控制程度在三个阶段中均逐渐降低，不同类型话语间的转化也逐渐丰富。第三，学生行为方面，学生在三个阶段授课活动中与教师进行交流的积极性不断增加，但实验阶段一中，学生的其他学习行为并未得到明显改善，与同伴交流行为的积极性甚至有所降低；实验阶段二中，学生学习行为间的转化增强，其他学习行为得到改善，且与同伴交流的积极性有所恢复。第四，学生话语方面，学生在三个阶段讨论活动中均发挥了元认知调节的中介作用，学生表达观点的积极性逐渐增加，但话语编码的共现关系总体变化不大，三个阶段中话语编码的共现强度略有差异。第五，师生互动方面，教师的社交参与度在三个阶段中依次提高，学生在两个实验阶段中的互动均比控制阶段更加积极，实验阶段二中学生的社交参与更加平均，但总体上两个实验阶段之间的差异较小。综上，本研究中，学习分析可视化反馈工具对教师教学产生了明显的影响，但相较之下该工具对学生的有用性、可用性仍可以进一步加强。

本研究从学习分析可视化反馈工具开发、教学实践、学习分析研究角度三个层面提出了启示。在工具开发层面，第一，从工具所采用的分析框架来看，研究人员可以进一步基于教学分析、教学和学习分析进行其他学习分析工具的开发、设计和实施。第二，工具的开发与设计还需要更加注重对教师行为调整进行针对性的引导，并进一步评估教师干预后的教学或学习情况。

第三，本研究建议未来的工具开发应当注重信息的实时性、个性化及可解释性。在教学实践层面，第一，教学分析有利于帮助教师反思课堂教学，对于教师改善课堂教学话语、教学行为具有积极的作用，可以在未来的教育实践中得到进一步推广应用。第二，在线下真实课堂中使用学习分析可视化反馈工具有利于帮助学生反思课堂学习，也可以在未来的研究中进一步推广。第三，在未来的教育实践中，可以尝试将学习分析工具与人工智能结合，从而能够对线下面对面课堂中的多模态数据进行自动化的分析。在学习分析研究层面，第一，我国的高等教育机构应当提高对课堂教学的关注程度，进一步支持面向教师和学生的学习分析工具的开发及实施。第二，未来学习分析工具的开发应当注重系统性，即在学习分析的过程中建立一个持续改进的循环，由教师主导并将学习分析工具融入备课的全过程。

本章小结

本章介绍了学习分析工具实施的具体案例，具体包括利用社会学习分析工具包促进学生的在线讨论参与度，探究中国大学慕课中社会学习分析工具的实施及影响、利用三种学习分析网络可视化影响学生在线讨论参与度、学习分析工具的迭代设计与开发、传统课堂中学习分析可视化反馈工具的设计与实施。总之，本章通过结合具体实例以帮助理解各类学习分析工具应用的目的和意图及完整的开发学习分析工具的流程。

思考

1. 请简要概括本章中学习分析工具的共性。
2. 请简述本章学习分析工具开发过程中运用了哪些主要的学习分析方法。
3. 请批判性地思考并提出本章学习分析工具的弊端及改进措施。

CHAPTER 7

第七章

学习分析挑战及问题

本章从两个视角介绍学习分析的挑战及问题，一方面，是短期的、良构问题；另一方面，是复杂的、劣构待解决问题。良构问题是指在问题的初始状态、目标状态和从初始状态到达目标状态的一系列操作这三部分中，界限都很明确的问题，而复杂劣构问题是指在问题的初始状态、目标状态和从初始状态到达目标状态的一系列操作这三部分中，至少有一个界限不明确的问题。受希尔伯特数学问题的启发，Baker 在 2019 年学习分析与知识大会的主题演讲中，将挑战定义为具有明确定义的过程标准的结构良好的问题。但同时也有学者认为，尽管结构良好、目标明确的问题有助于推动研究，获得关注和焦点，但主要有利于短期进步，而不适合作为长期挑战。此外，教育领域的问题从根本上说是劣构性的复杂问题：学习需要平衡学习过程中的许多维度（如学习效率、学生参与度、花费的时间），并且考虑条件的可变性（如学习结果、学习过程、知识成分和类型、学生素质差异）。因此，在教育中，既存在良构问题，能够在短期内使用明确的手段达到明确的目标，也存在劣构问题，其长期存在于研究和日常中，从而不得不引起重视。本章从这两个视角切入阐述学习分析领域目前面临的问题及挑战，并基于此提出批判性的思考和建议。

第一节 短期良构问题及挑战

首先从短期的、良构问题的角度，学习分析技术的应用实践需要考虑以下六个方面的问题。

第一，在数据隐私层面，一方面，学习分析应用及研究应通过多种手段确保教育大数据的安全隐私。由于学习分析需要收集大量学生数据，并整合其他类型数据，且学习分析领域并未明确学习者对其数据拥有哪些权利，也未明确他们应该在多大程度上根据学习分析提供的建议采取行动。但是，相关人员仍需要在记录学生个人行为时注意隐私、数据分析和学生的权利。另一方面，学习分析研究者需要用规范的方法获得使用数据的知情同意权，也需要依照标准的程序记录或清除学习者的数据。以上问题已经引起了广泛争议，但是仍然没有详细的道德框架或准则供以使用。因此，相关人员有必要采取预防措施，以确保学生的数据不会被滥用。

第二，针对数据的准确性和及时性，学习分析应用及研究需要在人工智能或者机器自动化处理和人力处理之间达到平衡。正如本书前面所指出的，学习分析更加适合用于在线授课课程；但事实上，目前大多数的教育情境仍然采用线下授课模式。当我们面对传统的面对面授课时，往往在数据处理上耗费大量时间和精力，且难以保证数据的准确性。因此，当考虑为传统面对面的学习模式提供功能复杂的数据挖掘和学习分析系统时，应该综合评估成本和效益是否平衡。最理想的方式是所有的课程和学习数据都可以由软件或平台进行记录和分析，例如，卡耐基梅隆大学开放学习计划中的一部分开发的课程利用软件电子监控和控制教学事务，这将更有利于分析和应用数据。

第三，在人力资源方面的挑战在于，学习分析应用及研究目前尚缺乏接受过训练、能熟练掌握数据挖掘和学习分析的工作人员。目前，相关研究领域的人员分工复杂，有时候还需要身兼数职。比如，经验丰富的数据库管理员和设计人员跨多个文件和格式存储和集成数据；教师或者教学设计人员除了要具备开发数据库所需的专业知识，还需要对学生学习和行为具有高度的理解和洞察力，并与数据、软件相匹配；机构研究人员或其他了解统计、决策树和策略的人员需要开发算法来构建预测模型。为了开发合适的应用程序，相关人员不得不花费额外的时间和资源开展广泛的专业发展，但最终效果如何，花费的精力多少及是否值得投资尚不能下定论。

第四，学习分析应用及研究面临学习分析与学习及教学理论相结合的问题。学习分析领域有一个共识，即学习分析的研究应该扎根于学习科学理论，将学习分析视为教育学视野中的教育方法之一。学习分析工具或系统是将关于学习者、学习过程或学习情景的不同指标聚合成一个或多个可视化内容。我们需要思考学习科学在学习分析工具的设计和教学过程中扮演何种角色，学习分析研究应该明确其所依据的学习理论或概念，究竟哪些教育概念构成了以学习者为中心的学习工具开发的理论基础，然而，尽管研究者们都希望能够弥合教育理论与学习分析工具设计之间的鸿沟，但文献综述表明，大部分学习分析工具的开发仍然以利用学习数据资源为基础，而非以将其与提高学生学习的教学法相结合为目标。

第五，学习分析工具在教育领域的应用需要思考如何超越个人意识和反思。多数学习分析工具都以培养学习者的元认知和反思为目的，但是，这并不意味着学生接收到了反馈就会采取进一步的措施及行动以改善学习效果。加之意识和反思是较难衡量的概念，也很少有学习分析工具支持设定和计划目标。 因此，学习分析工具的研究应该思考如何在当前“有助于提高学生元认知”的基础上进一步促进学生采取调节学习的行动。

第六，学习分析需要从学习者的视角来分析学习。由于多数学习分析工具旨在以可视化图表的形式呈现学习者的学习特征，其中同伴互相可见的参考方式也屡见不鲜。将同伴行为作为学习者改进学习的建议来源于自然带来的“社会比较”效应。与同伴比较，也许在一定程度上可以激励学生更加努力地学习，提升他们的参与度。但是这种以绩效为导向的比较方式，忽视了那些倾向于熟练掌握知识点或技能的学习者。有证据表明，当前的学习分析工具设计提高了学习者之间的竞争，但并未提升他们对知识的掌握，很多时候给学习者比较结果提供了误导性的参考框架。从长远来看，这种学习分析反馈可能会导致学习者依赖于社会比较，将“比同龄人更优秀”定义为成功学习者的标准，很显然，这种对成功的定义是有偏差的。学习和教育应该是掌握知识、技能和培养能力，成为终身学习者，而不是时刻与同伴进行比较和竞争。在学习分析工具的设计中，我们需要研究学习分析工具中社会比较和竞争对学习的影响程度，应该更多地关注学习者的不同需求，将工具作为教学方式来激励不同水平的学习者。

第二节　复杂劣构问题及挑战

除了从短期的、良构问题的角度看待学习分析存在的问题，Pelánek 认为过于关注单一的目标有可能会导致我们忽略学习的其他重要方面。因此，他提出对于学习分析领域，除了关注目标明确的挑战，我们更需要关注复杂的、难以把握的、劣构的领域或问题。具体来说，他聚焦了学习分析面临的三个挑战：权衡取舍、方法问题和可测量性。

第一个挑战是权衡取舍，学习系统的发展面临许多权衡——某方面的改进可能会导致另一方面的恶化。这些权衡通常没有“正确”的解决方案，并且提出了进一步的研究挑战。一个典型例子是掌握标准。掌握学习是个性化学习系统的一个共同要素，掌握标准决定了什么时候停止练习给定主题，让学生转向更高或更难的主题。确定的标准通常需要在练习不足的风险和多余的过度练习之间取得平衡。练习不足会导致学生无法充分掌握主题，可能致使将来的学习出现问题；而过度练习则会浪费学生时间，可能导致学习动力降低。另一个常见的问题是学习参与和学习效果之间的权衡。我们希望学习系统既吸引人，又能带来高效的学习。但这两个方面存在一定的冲突。例如，增加参与度（如游戏化元素或降低练习难度）通常会降低学习效率；学习系统的提示也是一把双刃剑，在学生遇到困难时，提供的支架有利于支持学生提高学习效率，但是也可能导致学生像玩游戏一样滥用提示。因此，考虑权衡取舍问题时，最重要的是把握阈值的设定。许多学习分析技术在使用中设定的阈值涉及不同方面的权衡。典型的例子包括一些检测系统，阈值的设置影响技术的精确度和召回率。比如，在判定研究论文的抄袭方面，通常通过单个数字来判定是否存在重复率超标，但实际应用需要根据特定应用中假阳性（如参考文献的引用或者定义的引用）和假阴性的相对重要性来选择特定的阈值，然而这种特定阈值的选择在学习分析的相关研究中却很少被提及。许多权衡涉及阈值的选择，然而权衡的问题很难在操作中灵活地进行实施及修正，因此我们需要提前思考以下问题：我们如何比较阈值？哪些方法适合可视化权衡和选择特定阈值的影响？我们如何利用历史数据探索阈值的变化？我们如何进行实验来优化阈值？

第二个挑战是方法学上的挑战。许多情况下，研究人员选择、报告和评估单一的或某些综合性指标，但在研究报告中通常缺乏具体说明及方法细节，从而导致其他研究人员无法得知实验的方法和细节。这些重要但经常被忽略的细节包含许多不同方面，如绩效指标的选择、指标的计算（全局、每个学生的平均值、每个项目的平均值）或者将数据分成训练集和测试集等。另外，在自然产生的教育数据中的一个重要问题是与偏差相关的。数据中典型的偏差是掌握偏差和自我选择偏差。掌握偏差是指数据中学生踪迹的长度与他们的技能（负）相关，自我选择偏差是指一些答案仅由特定的学生提供。目前，相关研究仍然没有一致的方法来处理偏差，甚至许多研究工作没有考虑到这个问题。在神经网络和其他复杂黑箱模型使用日益频繁的背景下，澄清方法问题尤为重要，否则我们可能会以不合适的方式训练黑盒模型，且无法识别它。在学习分析中，关于方法学的研究还处于边缘位置，未来我们需要清晰的术语来描述方法的选择，从而促进理解结果和复制研究。复制研究不仅仅测试先前呈现的结果对新环境（不同的学习系统、不同的学生群体）的可推广性，还应该检查报告的结果是否为某些方法选择的产物（如性能指标的特定选择）。总之，我们需要从方法入手，更好地识别和描述教育数据中不同类型的偏差，同时需要开发方法来检查数据集是否包含特定的偏差。

最后一个挑战是可测量性。最直接的体现是技术方面，我们需要在真实教育实践环境下收集的数据集上利用和扩展学习分析技术，这意味着我们应该更加关注技术的计算效率。关于学生的建模研究，通常只关注预测的准确性，而忽略了计算效率。例如，贝叶斯建模方法中参数拟合的计算复杂性可能是实际采用时的主要障碍。此外，如果我们希望研究能从实验室应用到真实环境，则还需要解决系统开发和教育内容的可扩展性问题。我们需要思考的问题有：我们如何开发可扩展的（智能）学习系统？我们如何高效地开发和维护学习系统的内容？技术人员不仅要优化学习分析系统或工具的性能，还要考虑它们的可扩展性和可应用性。例如，评估学生知识的模型通常仅根据其预测准确性。复杂模型的性能可能只比简单模型稍好一些，但是我们缺乏证据证明和支持在实现条件中“使用复杂模型才是更重要”的合理性。适应性设计的开发方法中的数据分析为重新设计学习系统提供了动力 。这种“闭环”研究为实际学习分析研究提供了一个很好的例子。但是这种专家投入大量时间研究和改进学习一个方面的研究相当耗时且无法在资源有限的环境中应用，未来需要以一种更可扩展的方式开发这种方法。还有一个例子是计算机科学和软件工程中常见的“调试”观点。这个观点假设系统包含错误，并且有必要开发技术来实时检测这些错误。类似的观点可以同样启发学习分析研究：我们应该承认学习系统包含错误。软件中的错误应该留给软件工程师去处理。我们需要考虑如何能自动检测其他错误，如学习内容（错别字、错误答案、误导性公式）、元数据（项目到知识成分的映射）和模型（参数化差、未满足的假设）。最近的研究考虑了这样的问题，从更高层次的角度来看，关键的可测量性问题是确定优先级：改进系统的哪些问题最具成本效益？系统开发人员的注意力应该放在哪里？可测量性的问题值得思考，因为不论是研究者自身还是环境客体，其中的资源总是有限的。然而，目前学习分析领域对这个研究主题的关注度还是很低。

本章小结

本章从短期的良构问题和复杂的劣构问题两个角度出发，阐述学习分析面临的挑战。结构良好的问题具体包括数据隐私、数据的准确性和及时性、人力资源、教学理论、反思及学习者视角；结构不良的问题包括权衡取舍学习分析利弊、弥补学习分析方法上的缺陷及数据的可测量性。基于以上问题和挑战，本章最后提出了一些粗浅的批判性思考和建议。

思考

1. 请阐述学习分析面临的短期的、良构问题及挑战，并举例说明。
2. 请阐述学习分析面临的复杂的、劣构问题及挑战，并举例说明。
3. 你认为学习分析领域有何弊端？

CHAPTER 8

第八章

学习分析发展趋势及展望

自学习分析这个领域出现10年以来，相关研究人员已经开展了大量工作，积累的这些成果为我们审视该领域当前的发展现状提供了重要的基础。我们需要更进一步地从现实的观点来看待学习分析的应用和实施：挖掘学习分析的应用和实施全部潜力的关键所在，并不是研究本身的成熟度和方法的复杂性，其更可能与各种利益方和机构的准备有关。这种情况下，学习分析领域发展的挑战可能来自其他相关领域及学科（如法律和伦理问题）。另外，隐私和政策等相关的主题是学习分析中十分重要但尚未被厘清的研究主题。以上挑战表明了学习分析研究领域的未来发展机遇，本书梳理出学习分析领域未来发展的六大趋势、利益相关方对其所持的期待及四大学习分析展望，旨在提出解决学习分析所面临的挑战和困难的一些可能性。

第一节　学习分析未来发展趋势

（一）收集学习痕迹中的数据并标准化

目前，众多在线学习平台和学习管理系统积累了海量结构化、半结构化、非结构化的教育数据，但因系统不同、平台各异，尚缺乏统一的数据格式标准和技术规范，使得各平台和系统间交流、联通和整合的可能性较低，因此，数据的获取、筛选、挖掘、分析、呈现提供规范流程和框架体系成为亟须解决的问题。

（二）利用多模态学习分析更全面地了解学习

多模态学习分析（Multi-Modal Learning Analytics，MMLA）基于多重感知模式、采用多种方式追踪学习者的学习过程、获取与分析学习者不同层面的数据，以更精准、更全面地洞悉复杂学习环境中学习者的学习过程。学习过程通常是复杂多变的，学习不仅仅体现在学习者外显行为上，也包含他们内部心理与生理的一系列变化。此外，随着在线学习和混合式学习的蓬勃发展，学习场所及环境已不再局限于单一的线下或线上环境，呈现出线上、线下学习空间交叉融合的趋势，这使得学习环境也变得更加多元和复杂。凭借单一模态或单一情境数据的分析，难以全面、准确地呈现学生学习的特点；而多模态学习分析为全面、准确地了解学习者及其学习环境提供了可能，受到学习分析领域研究人员的广泛关注。未来学习分析研究期待加强多模态学习分析研究的跨学科交叉合作，弥补单一学科的不足，理解与评价真实情境中的学习，破解教育领域科学问题的关键。加强跨学科交叉合作的突破点在多模态数据的采集、分析等方面，例如，研究人员在借助传感设备采集多模态数据，尤其是脑活动数据时，需要深入了解不同脑区在知识表征、视觉注意、数字或文字加工上的差别，这就需要我们加强教育学与心理学或脑科学研究者之间的合作，以实现数据采集时精准覆盖脑区及在数据分析时合理解释学习发生的机理。

（三）多方协作联动完善学习分析

学习分析领域的发展离不开数据挖掘、情感计算、心理测量及人工智能等技术的革新与发展。技术的进步可以通过校企合作（即企业提供技术支持，学校在教学中应用技术，两者协力促进技术和教学发展的模式），经过充分发展，形成基础完善、技术保障、应用繁荣的学习分析技术产业体系，最终改善教学过程，提高教育质量。学习体验材料、媒体和活动组织的设计者不仅关注技术对结果的影响，更重要的是能看到技术对学习和教学过程的影响。加强对学习的关注需要所有利益相关方采取行动，支持多学科和理论研究，合并来自几个部门的不同数据类型（如健康、社会情感、社会经济地位等），并遵循支持学习环境的技术生命周期，利用技术完善数据模型。此外，学习分析与人工智能的结合是目前领域发展的重要趋势之一。例如，人工智能辅助的学习分析方法可以自动化地为学生提供实施评估和指导，整合的概率和文本分析推理模型可以提高成绩预测的准确性，人工智能算法自动分组可帮助教师更快速及优化地生成小组，开展协作学习等。人工智能量化的优势与学习分析质性优势的结合能更全面完整地辅助、促进或预测教学活动。

（四）注重数据隐私和伦理道德，立法护航学习分析发展

学习分析需要设定合乎道德规范的行动，得到政策机制的支持，如标准、认证流程、审计和基于实践的循证建议等，立法护航学习分析的发展。英国开放大学、美国佐治亚州立大学等机构已经着手制定使用教育数据集的管理框架。尽管我国完善的数据保护框架尚未建立，我国部分学者对此也进行了探讨。工信部印发的《大数据产业发展规划（2016—2020年）》中也明确指出：目前我国需要加强大数据标准化顶层设计，逐步完善标准体系。随着学习分析技术的广泛应用，这一需求变得更加迫切。在该情境下，人们对隐私的认识也在不断深化：信息技术发展初期，人们对政府和商业机构高度信任，对信息（数据）收集行为持宽容态度；进入互联网时代后，隐私保护成为社会、政治和法律问题，人们寻求制定公平的信息实践准则；大数据和物联网技术普及后，个人信息被大量搜集和挖掘，隐私侵权问题成为公害。从立法者角度来看，应加大对学生群体的关注，广泛听取公众的诉求和意见，真正意识到学生数据隐私泄露的严重性及立法的重要性和紧迫性。从执法者角度，应深刻理解立法的目的和法律规定，提升保护数据隐私的法律意识，强化保护数据隐私法律法规的执法力度。从教育信息化从业人员的角度，应当强化隐私保护意识，有计划地培训各类涉及学生数据的技术人员，提升其保护数据隐私的能力。从公众角度，应通过宣传和教育，使权利人了解数据隐私保护的知识，关注数据隐私暴露的危害，行使数据隐私的隐瞒权、支配权、利用权和维护权，实现数据隐私的自我保护。

（五）注重提高师生数据素养，落实学习分析实施的价值转化

学习分析，应该首先关注其“学习”的功能，为不同的利益攸关方提供具体的以用户为中心的分析工具。研究人员有必要优先考虑学习者，从学习者的视角出发开发、实施学习分析。这需要所有利益相关者，包括从业者、研究人员和决策者，具备一定的数据素养以应用新的教育决策工具，并提高分析信息流的能力。教师能否在收集、分析、解释教育数据的基础上对教学法与学习设计进行反思和改进，取决于教师数据素养与教学专业知识的有机结合情况，即数据驱动的教学探究程度。Wise 等（2019）建构了数据驱动的教师教学探究模型，阐述了学习分析结果如何引导教师的教学探究过程。他们提出教师进行学习分析实施应用大致经历意义感知与教学响应两个阶段。在意义感知阶段，教师先查看感兴趣的可视化数据结果，总结出具体的数据问题后进行数据信息加工（包括聚焦特定信息、设定对比参照体系），以确定值得关注的特定学习分析模式，并对此模式做出教学意义上的解释，解释方式包括三角互证、结合情境化或背景信息、进行恰当归因等。在教学响应阶段，存在三种干预行动倾向。第一种是采取具体行动，包括提供全班性支架（如关注全班难以理解的特定概念）、针对性支架（如关注特定学生的表现）和完善课程设计支架（如解决特定课程资源访问率较低的问题）；第二种是观望行动，以等待汇集更多的有效数据；第三种是运用反思教学法，触动教师深度思考自己的教学观，促进其专业成长。未来需要培养教师的数据素养，帮助其将学习分析结果转化为可操作的教学方案，提升教师数据驱动的教学探究思维，淬炼教师整合数据的教学能力。

（六）充分关注教学设计及发展，将新兴技术纳入学习分析

学习分析应该关注“教学”功能，助力更优质的教学发展。首先，课程改革的不断深入推动了学习方式和教学方式的变革，传统的以教师为中心的教学模式已经向以学生为中心的教学模式（如协作学习、游戏化学习、项目化学习等）发生转变。为了更好地匹配不同的教学模式，学习分析技术和工

具的开发也应该高度关注不同教学设计的特征，将新兴的技术融入其中。例如，在协作学习中，群体的认知发展过程比个体学习中的更为复杂，如何在教学中反映协作学习中的群体认知发展过程，是学习分析面临的一个挑战。协作学习分析的出现，相比于普通的学习分析，更关注计算机支持的协作学习，致力于解释、诊断和促进学习者的协作学习过程，并提倡整合协作学习与学习分析的优势。此外，混合式学习和在线学习模式逐步融入常规教学设计中。与传统的面对面教学模式不同，这种涵盖在线学习的教学模式包含更多的在线教学资源（如在线论坛、博客、Moodle 等）和数据（如点击流数据、网络日志数据等），在这样的教学设计中，如何高效地收集、分析和反馈，是学习分析技术面临的一个巨大挑战。因此，未来应该采用新兴的学习分析工具和人工智能分析方法等对数据进行加工、挖掘和分析，结合自动化的数据收集与反馈技术，在混合式和远程教学中，为教师和学生提供实时的协助和指导。

第二节　学习分析的批判性思考

由此，我们产生对学习分析领域的一些粗浅的批判性思考：首先，学习分析需要从获取准确数据和正确获取数据出发，因此，我们首先需要思考：什么是有意义的数据？能在教学环境中获取的数据都是有意义的吗？例如，学习分析在以下情况下可能是无效的，且需要我们认真思考的：学习者在线产生的数据无法准确评估学生学习，可能的原因在于：（1）没有将学习者数据以可视化形式表征出来；（2）数据输出碎片化或数据是静态的；（3）没有提供灵活的途径供教师查询学习活动的模式和结果。其次，学习分析反馈结果需要从良好的算法中产生。学习分析如果只是单纯地按以下规则完成可能会有问题，例如，在线讨论中，若将“帖子数量”作为学生参与的证据，论坛中的“高水分低质量”帖子很容易影响学习效果的测量。再次，有效的学习分析必须产生可靠的评估。例如，粗颗粒度地将学习分简单定义为“放弃”“未出现”“不活跃”，这对于学生进一步学习可能是有害的。最后，有效的学习分析必须为教学过程和实践提供信息，考虑教与学的复杂过程及多种因素关系，在学习分析过程中需要认真考虑：（1）数据分析如何反映在线学习体验的动态过程；（2）利用从研究文献中获得的可操作性的编码指标和具体描述提取和分析 LMS 数据库的数据内容；（3）促进学生及教师良好的自我反思；（4）生成可追溯的信息渠道，帮助学生及教师查看教学的整个轨迹过程而非某一时间节点下产生的现象。

第三节　学生、教师及管理人员的期待

学习分析的一个重要功能为教育数据分析结果的可视化和呈现，以供教育利益相关者（如学生、教师及管理人员）进行解释、决策和适当的调整。在教育系统中主要包含的利益相关者为学生、教师及管理人员，他们对学习分析工具和技术会存在不同的利益需求和期待，从衡量利益相关者的期望和需求开始，目的是确定学习分析策略和决定设计需求。近年来，一些研究人员通过问卷、深入访谈和专家法等方式收集了利益相关方对学习分析应用的一些期待和要求。我们在本节中对这些不同利益方的思考进行总结和梳理。

一、学生的期待

学生作为学习过程中的主体，他们的期待主要是通过学习分析工具更好地了解自身的学习情况，从而科学制定或调整学习策略，并且在学习遇到困难时获得教师的支持。Hilliger 等（2020）调研了拉丁美洲 4 所高校学生对学习分析工具的需求，访谈和问卷结果发现，所有院校的学生都指出，需要学习分析工具提供学习质量的反馈及数据驱动的教师支持来改善他们的学习结果。除了评分，学生们认为，及时和个性化的形成性评价也是十分重要的。部分学生反映，即使取得好成绩，缺乏高质量的学习反馈也是令人沮丧的，因为学生可能拿到了高分，但还需要成绩之外的反馈来驱动他们进行学

习完善及改进。此外，来自学生调查的数据表明，当面临影响学业成绩的困难时，大多数学生希望教师能够根据他们的学习数据分析反馈提供合适的支持和干预。同时，学习分析服务的伦理道德和隐私保护也是学生十分关注的问题，他们希望学习分析工具能够在支持他们的学习时也能做到不泄露他们的个人隐私。因此，针对学生的期待与需求，以学生为对象的学习分析应该在保护个人隐私的前提下提供更个性化的学习报告，帮助学生更好地进行自我评价，同时能够根据学生的学习情况提供适当的个性化支持和帮助。

二、教师的期待

教师主要在教学过程中扮演传递知识和协助学生学习的角色，他们对学习分析工具的期待主要聚焦于督促或检查学生的学习状况和实时调整教学策略。Hilliger 等（2020）通过问卷和访谈调研了拉丁美洲 4 所高校的教师对学习分析工具的需求。结果显示，首先，教师需要来自学习分析工具的及时提醒，以更好地支持遇到困难的学生。在访谈中发现，大部分教师愿意在学生的学习过程中支持学生，但要做到这一点，他们希望在学生面临困难时，能够通过学习分析工具或技术得到某种类型的提醒或通知（如邮件）。其次，教师普遍认为给予学生积极的心理支持是至关重要的，因此，希望学习分析工具能够提供学生的学习情感等数据（如自我效能感）。此外，大多数教师认为，如果学生的表现没有达到预期，他们有义务使用教育数据来支持他们，因此，他们需要学习分析工具在教学过程中对教学质量进行有意义的绩效评估，以支持他们做出更科学的决策。针对教师的期待与需求，以教师为对象的学习分析工具需要提供学生相关的学习绩效、学习过程及学习环境等信息，为教师的教学决策提供依据和改进建议。

三、管理人员的期待

教育管理人员作为学校的管理者和决策者，对学习分析工具的期待主要在于为开展教育教学战略和编排教学资源等提供数据支撑和科学根据。

Hilliger 等（2020）在对拉丁美洲 4 所高校的管理人员对学习分析工具的需求进行调研的过程中发现，大部分教育管理人员需要从学习分析工具获得关于教师和学生的教学信息和数据，以动态评估是否需要支持教学干预措施的开展及实施的有效性。此外，教育管理者的诉求还包括获得学校资源的相关数据，以方便他们改善学校资源的配置情况。因此，针对教育管理者的期待与需求，以管理人员为对象的学习分析工具应该结合教育数据挖掘和预测等技术，帮助管理人员宏观、全面地掌握全校师生的教学情况及教育资源的配置情况，从而更好地做出教育决策。

第四节　学习分析未来展望

学习分析领域出现后的 10 余年时间，学术研究成倍增长、发展迅猛，研究的主要内容和核心问题都已浮现，在讨论进一步发展的诸多挑战的同时，我们也提出了学习分析未来发展的思考。本节将从学习分析的理论研讨、社会文化的透镜视角、学习分析的教学法发展及复杂理论视域下的学习分析研究进行展望。

一、发展学习分析理论

学习分析的理论建设将决定该领域的地位。理论和实践永远不应该互相对立，也不应该被区隔开。好的理论非常实用，正是因为它推进了一门科学学科的知识，引导研究解决关键问题，并启发了相关职业的发展。学习分析研究人员通常承认自己是学习理论的使用者，然而针对学习分析的理论建设仍然不多见。我们需要计划更多工作以解决理论和实践之间的“中间地带”，并根据相关领域现有的和不断发展的理论来丰富学习分析理论。

理论可以解释事情是如何运行的，预测特定条件下的结果并指导进一步的行动。理论建构驱动科学知识的增长；社会理论为解释社会现象和促进相关行动提供了理论框架；学习理论解释了学习是如何发生的，并为教学、学习和学习环境的设计提供支持。学习分析领域借鉴学习理论，为数据分析和解释的决策提供支持。因此，学习分析和学习理论之间的一致性在于：（1）学习理论如何被用于构建和指导学习分析；（2）学习分析如何帮助我们推进学习理论；（3）学习分析理论的初步发展。好的学习分析研究需要明确采用与学习、教学、认识论、评估相关的理论。

学习分析需要与学习科学建立牢固的联系。理解学习是如何进行的是优化学习的首要条件。建构学习分析和学习科学之间的意义是一个双向过程，有助于形成良好学习设计、有效教学和提高学生自我意识。此外，学习分析需要开发处理大量数据集的方法，以优化学习环境。越来越多的学习者将寻求在开放、非正式或混合环境中开展终身学习。这需要处理更具挑战性的数据集和数据集组合，包括移动数据、生物特征数据和情绪数据。我们需要制定并应用一套明确的道德准则来应对这些挑战，需要对数据的所有权和管理做出决策。目前，该领域没有明确说明学习者对其数据拥有哪些权利，或者在多大程度上有责任根据学习分析提供的建议采取行动。为学习分析制定详细的道德框架是当前该领域不可忽视且迫切需要解决的问题。每个研究人员都可以在论文和出版物中阐述和明确相关伦理部分。

此外，构建学习分析领域的理论不应过度关注有效性。尽管有效的知识对任何领域都很重要，但在这里应该更加强调新理论的合理性。我们可以试着通过分析理解教学或学习，关注它们如何更好地构建相关理论。下一步工作将在已有理论的基础上继续假设其他理论或概念。例如，我们假设教师在分析时可构建新教学模式，假设考虑不同类型的认知负荷可以提供更好的设计参数，或者假设学生在接触到类似的学习分析应用时可以不需要教师监管。未来，需要进一步验证已提出的机制，并解决机制相互作用的问题，同时考虑教师的特征及这些机制在真实课堂环境中的运行。

二、从社会文化角度研究学习分析

教育研究的社会文化因素表明，语言是学习者建构意义的主要工具之一。当团队参与活动时，他们的成功与个人知识和技能、环境、工具的使用和合作能力紧密相关。这种认识论对我们的教学、评估及选择使用学习分析技术都有着重要的指导作用。它要求我们关注群体的知识建构和创造过程——学生如何在不同环境中使用工具共同学习，重点不仅仅在于学习者自身，还需聚焦他们使用的工具和学习环境。这种情境下，社会学习分析在计算机支持的协作学习中的应用开始引起研究人员和从业人员的关注。社会学习分析以学习理论为基础，关注在社交、协作、参与式文化环境中的相关学习要素。从社会的角度进行的学习分析强调理解学习者在社会环境中的不同类型的学习活动，为我们提供了一种新的方式来看待当前已有的和新兴的方法——识别社会行为的工具和表示有效学习过程的模式，主要分析方法包括话语分析、社交网络分析、性格分析、环境分析、内容分析。由此可见，研究人员将注意力从总结性评估个人过去表现转移到更重视学习环境中可能展示有效学习过程的可操作学习行为模式。一项关于社会学习分析方法的综述表明，目前该方向的研究尚存在以下可进一步探索的空间：第一，较少研究为教师提供社会学习分析工具，也很少给教师相应的教学分析反馈以帮助其提高教学干预质量；第二，大部分社会学习分析工具缺乏理论支持；第三，目前社会学习分析工具较少整合多种学习分析方法来分析数据；第四，较少有工具利用较新颖的学习分析方法，如多模态学习分析等；第五，较少社会学习分析工具利用时序特征评估学生学习质量或参与度在时间上的变化曲线。

三、将学习分析视为教学方式

Buckingham Shum（2012）曾经说过：“我们的学习分析就是我们的教学方式”，即我们选择开发和使用的分析类型及使用的方式，都暗示了特定的学习和评估方式。Buckingham Shum 介绍了以下既定的教学方法和学习分析之间的关系。第一，对于知识迁移或指导性方法，知识迁移教学方式认为学习需要将知识从知识拥有者（老师）转移到学习者（学生）。基于这种理念的学习分析将倾向于关注简单的度量标准，如测试分数，而不需要对更复杂的学习产品或成果进行分析，也不需要对它们产生的过程进行更深入的分析。第二，针对社会建构，建构主义模型将建构质量作为衡量成功的标准，即学习者在学习环境中进行实验，并且能够使用适合他们的工具。以建构主义为重点的学习分析关注学习进展，特别是跟踪和判断学习者对教育者选择和改进学习材料、资源或工具的过程性数据并进行学习分析。第三，主观主义或基于情感的教学方法认为教育不再强调学习本身，而是将注意力更多地转移到个人情感层面。虽然个人情感是教育学家关心的问题，但它不是学习的首要问题。基于主观主义方法与其他方法相结合的学习分析很可能具有评估学生学习动机的潜力，以了解为什么某人正在或没有从事特定的行动。第四，基于学徒制方法的学习分析关注学习者是否已经成为实践或社区的一部分。基于学徒方法的分析侧重于对专家和新手的分类，及从新手到专家的转变。这种分析可能会探索反映专家行为的标记，但不会探索这种行为的原因或含义。第五，联通主义观点认为，学习关注如何恰当地连接想法及如何寻找相关信息。联通主义方法使用网络分析来探索学习者知识的“连接性”，包括概念和社交联系。分析着眼于探究和可视化展示网络的规模、质量和随时间的变化如何影响有效学习。而从务实的社会文化方法层面了解学习，学习发生在学习者之间观点的发展和交流中。这种方法基本较少评估学习的最终产品，而更多关注学习的过程。社会文化方法中的学习分析鼓励学习者反思自己的学习活动，这种分析试图了解学习者如何在特定的环境中发展信息处理的能力。

四、从复杂理论的角度开展学习分析应用及研究

如果我们从复杂性的角度来看待学习分析，教育和学习是新兴的，并且具有递归、反馈、进化、自催化、开放、连接和自组织的特征。教育和学习是通过参与者与环境的互动展开的，其中，环境具有多角度定义，如人际、社会、个人内部、身体、物质、智力、情感。学习分析研究应该打破简单的因果模型、线性可预测性和简化的、原子的、分析碎片化的理解现象的

方法，代之以有机的、非线性的和整体的方法。在具体的学习分析应用中，可以基于网络的视角，采用复杂网络分析方法，探索隐藏在复杂网络背后的深层次规律，呈现个体及个体之间在整个网络之中空间上与时间上的变化趋势。此外，也可以基于动态的视角，采用基于机器学习的算法技术（如马尔可夫模型、卷积神经网络等），通过数据训练和预测，识别和预测在学习过程中出现的动态变化趋势和转换特征。总体而言，学习和教学是一个复杂系统，学习分析的研究和实践应该把重点放在学习和教学系统的不同层次上，从私密的个人数据到共享的组织数据，在不同层次上解释分析结果的合理性和权威性。

本章小结

本章主要介绍了学习分析未来发展趋势和展望，为研究者提供未来学习分析改进的方向，为师生提供利用分析改进教学的指导方向。具体来说，未来的学习分析将朝着自动化、规范化、人性化、标准化、多模态化、多领域融合的方向发展，这既是在现有学习分析方法和技术上的进一步发展，也是顺应技术和方法的发展为教育服务的趋势和理念。

思考

结合本书内容，请说出学习分析目前面临的三个方面的挑战及对应的未来发展趋势。

CHAPTER 9

第九章

总结及展望

学习分析是数据科学在教育领域应用的一门新兴学科，它通过严格分析、评估和可视化呈现数据以辅助教学决策及干预，促进以过程性数据为导向的学习评估，并为学习者的学习进程提供个性化辅助。本书主要介绍了学习分析理论、方法技术及其在教学设计、实践和研究中的应用，主要围绕以下四个部分展开。第一部分是学习分析简介，具体介绍学习分析的起源与发展，学习分析、学术分析和教育数据挖掘的异同特性，学习分析研究现状及学习分析的伦理和隐私问题等。第二部分介绍学习分析理论基础，侧重于五种学习分析相关的理论，分别为自我调节学习理论、社会建构主义理论、联通主义理论、人本主义学习理论及复杂系统理论，旨在帮助读者深入理解理论对学习分析领域的指导意义。第三部分包含学习分析方法及实例，分别从理论和实操的角度介绍多种学习分析方法及学习分析实施应用，帮助读者掌握主要的学习分析方法并了解如何综合运用多种学习分析方法开展相关教学实践及研究，并介绍面向教师、学习者和管理者的学习分析实施概念及流程，以及具体学习分析实施工具的开发、应用及实证效果。针对这部分涉及的数据库及分析代码，读者可在作者提供的团队网站及慕课中自行下载学习。第四部分主要介绍学习分析挑战及发展趋势，从短期良构和复杂劣构两个角度提出学习分析面临的挑战并进行反思。在此基础上，围绕发展学习分析理论、从社会文化角度研究学习分析、将学习分析视为教学方式和从复杂理论角度使用学习分析，提出学习分析未来发展趋势和展望。

总体来看，作者认为未来学习分析领域的研究议程主要包括长时期纵向研究、学习分析及教学分析结合、人工智能技术整合应用及学习分析科学理论四个方面。研究议程一为利用更多纵向、长时期研究来深入了解学习分析如何影响高等教育中的学习和教学。先前的研究已经提出基于单一时间点采集的数据提取的学习分析结果具有差异性。相比于短时间的数据样本，纵向研究的优势在于能够收集多个时间点的多维数据，同时也为在混合式学习中同时收集线上与线下数据提供了可能。在未来的学习分析中，研究者应注重控制时间、学习环境、学习经验等变量，并探索这些变量对学习投入的影响机制。研究议程二为为学生及教师提供个性化学习支持及教学辅助，开发相关平台或工具以实现学习分析及教学分析目标，包括针对学生实现实时的个性化推荐、自动反馈或形成性评估及针对教师实现教学语言、行为、情感等过程性分析，以促进教师教学策略的发展及改进。 研究议程三为基于人工智能技术的学习分析发展。人工智能的应用可提供针对大规模数据的自动化反馈，具备自主收集数据和生成学习模型的能力，并且可以随着数据时间的延展而不断改进模型，帮助学校和教育机构更轻松地处理海量教育数据并提供实时分析反馈，这是传统的学习分析技术无法实现的。研究议程四为学习分析与学习科学及理论的深度结合。学习分析不仅仅是借助学习科学理论来为数据分析和解释提供基础及框架，更重要的是它可以在学习科学领域发展出新的理论，如与学习分析自身相关的理论建设。对于学习分析这样一个新兴领域的理论建构应该强调新理论的合理性、有用性和可用性。从长远来看，学习分析中的理论建构及发展将决定该领域在教育学中的地位和发展走向。

仅在教育中使用各种学习分析或辅助技术并不能保证良好的学习及教学效果。为了真正发挥各种分析和辅助技术的潜力，我们需要评估教育效果的方法和了解学习是如何发生的。这两个目标都可以通过学习分析来实现。学习分析将通过改变我们帮助学习过程的方式来改善教学。希望读者可以把在书中学到的知识和技术应用到具体研究和教学过程中。考虑利用学习分析的多种功能：访问学习行为、评估社交学习、改进学习材料和工具、支持个性化学习、预测学生表现和可视化学习活动等。同时，在教育研究和实践过程中，认真思考以下问题：你试图测量什么知识？为什么这种知识很重要？是对教师重要还是对学生重要？分析的最终对象和目标是谁？是否支持老师、家长、学生或学校管理人员理解学习的某些方面？学习分析或者评估发生在哪个阶段？有时候提出好的问题比掌握技术更加重要。希望大家可以认真思考，这将有助于我们建立学习分析与学习理论和实践的联系。

感谢您选择阅读本书，希望对您有所帮助。如果您对该书有任何意见和建议，请通过邮件方式（la_zju@163.com）联系作者团队，我们会在您反馈的基础上进一步完善我们的工作，再次感谢。

参考文献

[1] 董艳 . 学生反馈素养论纲：内涵、模型与发展 [J]. 开放教育研究，2020，26（5）：26-39.

[2] 方海光，高辰柱，陈佳 . 改进型弗兰德斯互动分析系统及其应用 [J]. 中国电化教育，2012（10）：109-113.

[3] 高明，王小霞 . 多模态学习分析研究现状与启示——基于学习分析与知识国际会议的调研 [J]. 开放学习研究，2022（1）：45-54.

[4] 顾小清，王炜 . 支持教师专业发展的课堂分析技术新探索 [J]. 中国电化教育，2004（7）：18-21.

[5] 蒋立兵，齐明，万真，等 . 智慧教室促进高校课堂教学变革的绩效研究 ——基于课堂教学行为的分析 [J]. 中国电化教育，2018（6）：52-58.

[6] 冷姜桃，陈斌 . 基于社会网络分析的在线学习交互行为研究 [J]. 教育导刊，2020（21）：60-65.

[7] 梁云真，赵呈领，阮玉娇，等 . 网络学习空间中交互行为的实证研究——基于社会网络分析的视角 [J]. 中国电化教育，2016（7）：22-28.

[8] 牟智佳 . 多模态学习分析：学习分析研究新生长点 [J]. 电化教育研究，2020（5）：27-51.

[9] 秦婷，徐亚倩，郑勤华 . 网络分析方法在网络教育中的应用研究综述 [J]，开放学习研究，2020，25（2）：55-62

[10] 王佑镁，祝智庭 . 从联结主义到联通主义：学习理论的新取向 [J]. 中国电化教育，2006（3）：5-9.

[11] 王志军，陈丽 . 联通主义学习理论及其最新进展 [J]. 开放教育研究，2014，20（5）：11-28.

[12] 吴晨光，刘斌 . 国外学习分析项目研究现状及对国内学习分析发展的启示 [J]. 数字教育，2017（3）：41-45.

[13] AMIGUD A, ARNEDO-MORENO J, DARADOUMIS T, et al. Using learning analytics for preserving academic integrity [J]. International Review of Research in Open and Distance Learning, 2017,18(5): 192-210.

[14] AMMAR M B, NEJI M, ALIMI A M, et al. The affective tutoring system[J]. Expert Systems with Applications, 2010(37): 3013-3023.

[15] BANNERT M, REIMANN P, Sonnenberg C. Process mining techniques for analysing patterns and strategies in students' self-regulated learning[J]. Metacognition and Learning, 2014, 9(2): 161-185.

[16] BLIKSTEIN P, WORSLEY M. Multimodal learning analytics and education data mining: Using computational technologies to measure complex learning tasks[J]. Journal of Learning Analytics, 2016, 3(2): 220-238.

[17] BODILY R, IKAHIHIFO T K, MACKLEY B, et al. The design, development, and implementation of student-facing learning analytics dashboards[J]. Journal of Computing in Higher Education, 2018, 30(3): 572-598.

[18] BUCKINGHAM S S. Learning Analytics. UNESCO Policy Brief [EB/OL]. (2012-11).[2022-07-14] http://iite.unesco.org/pics/publications/en/files/3214711.pdf.

[19] CEREZO R, SÁNCHEZ-SANTILLÁN M, PAULE-RUIZ M P, et al. Students' LMS interaction patterns and their relationship with achievement: A case study in higher education[J]. Computers & Education, 2016(96):42-54.

[20] CHEN B, RESENDES M, CHAI C S, et al. Two tales of time: uncovering

the significance of sequential patterns among contribution types in knowledge-building discourse[J]. Interactive Learning Environments, 2017, 25(2): 162–175.

[21] CHEN C, YANG S J H, WENG J, et al. Predicting at-risk university students based on their e-book reading behaviours by using machine learning classifiers[J]. Australasian Journal of Educational Technology, 2021, 37(4):130–144.

[22] CHEN H, PARK H W, BREAZEAL C. Teaching and learning with children: Impact of reciprocal peer learning with a social robot on children's learning and emotive engagement[J]. Computers & Education, 2020(150): 1–21.

[23] CHEN S, OUYANG F, JIAO P. Promoting student engagement in online collaborative writing through a student-facing social learning analytics tool[J]. Journal of Computer Assisted Learning, 2021, 38(1):192–208.

[24] CHO H, GAY G, DAVIDSON B, et al. Social networks, communication styles, and learning performance in a CSCL community[J]. Computers & Education, 2007, 49(2): 309–329.

[25] CLOW D. The learning analytics cycle: Closing the loop effectively[C] // Proceedings of the 2nd International Conference on Learning Analytics and Knowledge. New York: Association for Computing Machinery, 2012: 134–138.

[26] CORICH S, HUNT K, HUNT L. Computerised content analysis for measuring critical thinking within discussion forums[J]. Journal of E-learning and Knowledge Society, 2016, 2(1): 1000–1014.

[27] DIJKSTRA E W. A note on two problems in connexion with graphs[J]. Numerische Mathematik, 1959, 1(1): 269–271.

[28] DZIKOVSKA M, STEINHAUSER N, FARROW E, et al. BEETLE II: Deep natural language understanding and automatic feedback generation

for intelligent tutoring in basic electricity and electronics[J]. International Journal of Artificial Intelligence in Education, 2014, 24(3): 284–332.

[29] EMERSON A, CLOUDE E B, AZEVEDO R, et al. Multimodal learning analytics for game–based learning[J]. British Journal of Educational Technology, 2020, 51(5): 1505–1526.

[30] SiQIN T, VAN AAIST J, CHU SKW. Fixed group and opportunistic collaboration in a GSCL environment[J]. International Journal of Computer–Supported Collaborative Learning, 2015, 10(2): 161–181.

[31] FARAONE S V, DORFMAN D D. Lag sequential analysis: Robust statistical methods[J]. Psychological Bulletin, 1987, 101(2): 312–323.

[32] GARRISON D R, ANDERSON T, ARCHER W. Critical thinking, cognitive presence, and computer conferencing in distance education[J]. American Journal of Distance Education, 2001, 15(1): 7–23.

[33] GORMAN J C, GRIMM D A, STEVENS R H, et al. Measuring real–time team cognition during team training[J]. Human Factors, 2020, 62(5): 825–860.

[34] Harvey A J, Keyes H. How do I compare thee? an evidence–based approach to the presentation of class comparison information to students using dashboard[J]. Innovations in Education and Teaching International, 2020, 57(2): 163–174.

[35] HERNÁNDEZ–LEO D, MARTINEZ–MALDONADO R, PARDO A, et al. Analytics for learning design: A layered framework and tools[J]. British Journal of Educational Technology, 2019, 50 (1): 139–152.

[36] HILLIGER I, ORTIZ–ROJAS M, PESANTEZ–CABRERA P, et al. Identifying needs for learning analytics adoption in Latin American universities: A mixed–methods approach[J]. The Internet and Higher Education, 2020(45): 1–9.

[37] HOSSEINI R, BRUSILOVSKY P. A study of concept-based similarity approaches for recommending program examples[J]. New Review of Hypermedia and Multimedia, 2017, 23(3): 161–188.

[38] HSIAO I Y T, LAN Y, KAO C, et al. Visualization analytics for second language vocabulary learning in virtual worlds[J]. Educational Technology & Society, 2017, 20(2):161–175.

[39] HUNG J L, WANG M C, WANG S, et al. Identifying at-risk students for early interventions–A time-series clustering approach[J]. IEEE Transactions on Emerging Topics in Computing, 2017, 5(1): 45–55.

[40] JOHNSON L, SMITH R, WILLIS H, et al. The 2011 Horizon Report[M]. Austin, Texas: The New Media Consortium, 2011.

[41] JOKSIMOVIĆ S, GASEVIĆ D, KOVANOVIĆ V, et al. Psychological characteristics in cognitive presence of communities of inquiry: A linguistic analysis of online discussions[J]. The Internet and Higher Education, 2014(22): 1–10.

[42] KALIISA R, RIENTIES B, MØRCH A I, et al. Social learning analytics in computer-supported collaborative learning environments: A systematic review of empirical studies[J]. Computers & Education, 2022: 1–11.

[43] KHAN S M. Multimodal behavioral analytics in intelligent learning and assessment systems[M]// VON DAVIER A, ZHU M, KYLLONEN P. Innovative Assessment of Collaboration. Methodology of Educational Measurement and Assessment. Berlin: Springer, 2017: 173–184.

[44] KNIGHT S, BUCKINGHAM S S, LITTLETON K. Epistemology, assessment, pedagogy: Where learning meets analytics in the middle space[J]. Journal of Learning Analytics, 2014, 1(2): 23–47.

[45] LARMUSEAU C, CORNELIS J, LANCIERI L, et al. Multimodal learning analytics to investigate cognitive load during online problem solving[J].

British Journal of Educational Technology, 2020, 51(5): 1548–1562.

[46] LEE A V Y, TAN S C. Promising ideas for collective advancement of communal knowledge using temporal analytics and cluster analysis[J]. Journal of Learning Analytics, 2017, 4(3): 76–101.

[47] LEEMAN-MUNK S P, WIEBE E N, LESTER J C. Assessing elementary students' science competency with text analytics [C]//Proceedings of the fourth international conference on learning analytics and knowledge. New York: Association for Computing Machinery, 2014: 143–147.

[48] LI G, HUI X, LIN F, et al. Developing and evaluating poultry preening behavior detectors via mask region-based convolutional neural network[J]. Animals (Basel), 2020,10(10): 1–18.

[49] LIU M, KANG J, ZOU W, et al. Using data to understand how to better design adaptive learning[J]. Technology, Knowledge and Learning, 2017, 22(3): 271–298.

[50] LIU S, HU T, CHAI H, et al. Learners' interaction patterns in asynchronous online discussions: An integration of the social and cognitive interactions[J]. British Journal of Educational Technology, 2021, 53(1): 23–40.

[51] MACHADO G M, BOYER A. Learning path recommendation – A systemic mapping [C]//Conference session 29th ACM Conference on User Modeling, Adaptation and Personalization, New York: Association for Computing Machinery, 2021: 95–99.

[52] MANGAROSKA K, GIANNAKOS M. Learning analytics for learning design: A systematic literature review of analytics-driven design to enhance learning[J]. IEEE Transactions on Learning Technologies, 2019, 12(4): 516–534.

[53] MARCOS-GARCÍA J A, MARTÍNEZ-MONÉS A, DIMITRIADIS Y. DESPRO: A method based on roles to provide collaboration analysis support

adapted to the participants in CSCL situations[J]. Computers & Education, 2015(82): 335–353.

[54] MARTINEZ–MALDONADO R, SCHNEIDER B, CHARLEER S, et al. Interactive surfaces and learning analytics[C] // Proceedings of the Sixth International Conference on Learning Analytics & Knowledge. New York: Association for Computing Machinery, 2016.

[55] MCKLIN T E. Analyzing cognitive presence in online courses using an artificial neural network[M]. Atlanta, GA: Georgia State University, 2004.

[56] MCNAMARA D S, GRAESSER A C, MCCARTHY P M, et al. Automated evaluation of text and discourse with Coh–Metrix[M]. Cambridge: Cambridge University Press, 2014.

[57] MUTAHI J, KINAI A, BORE N, et al. Studying engagement and performance with learning technology in an African classroom[C] // Proceeding of the Seventh International Leaning Analytics & Knowledge Conference. New York: Association for Computing Machinery, 2017: 148–152

[58] NEUENDORF K A. The content analysis guidebook[M]. London: SAGE Publications, 2017.

[59] OPSAHL T, PANZARASA P. Clustering in weighted networks[J]. Social Networks, 2009, 31(2): 155–163.

[60] OUYANG F, CHANG Y H, SCHARBER C, et al. Examining the instructor–student collaborative partnership in an online learning community course[J]. Instructional Science, 2020, 48(2): 183–204.

[61] OUYANG F, CHANG Y H. The relationships between social participatory roles and cognitive engagement levels in online discussions[J]. British Journal of Educational Technology, 2019, 50(3): 1396–1414.

[62] OUYANG F, CHEN S, YANG Y, et al. Examining the effects of three

group-level metacognitive scaffoldings on in-service teachers' knowledge building[J]. Journal of Educational Computing Research, 2021, 60(2): 352-379.

[63] OUYANG F, CHEN Z, CHENG M, et al. Exploring the effect of three scaffoldings on the collaborative problem-solving processes in China's higher education[J]. International Journal of Educational Technology in Higher Education, 2021, 18(1): 1-22.

[64] OUYANG F, DAI X. Using a three-layered social-cognitive network analysis framework for understanding online collaborative discussions[J]. Australasian Journal of Educational Technology, 2022, 38(1): 164-181.

[65] OUYANG F, SCHARBER C. The influences of an experienced instructor's discussion design and facilitation on an online learning community development: A social network analysis study[J]. Internet and Higher Education, 2017, 35(1): 34-47.

[66] OUYANG F. Using three social network analysis approaches to understand computer-supported collaborative learning[J]. Journal of Educational Computing Research, 2021, 59(7): 1401-1424.

[67] OUYANG. F, CHEN. S, LI. X. Effect of three network visualizations on students' social-cognitive engagement in online discussions[J]. British Journal of Educational Technology, 2021, 52(6): 1.

[68] PARK J B H, SCHALLERT D L, SANDERS A J Z, et al. Does it matter if the teacher is there: A teacher's contribution to emerging patterns of interactions in online classroom discussions[J]. Computers & Education, 2015(82): 315-328.

[69] PELÁNEK R. Learning analytics challenges: Trade-offs, methodology, scalability[C]// Proceedings of the Tenth International Conference on Learning Analytics & Knowledge. New York: Association for Computing

Machinery, 2020: 554–558.

[70] PERERA D, KAY J , KOPRINSKA I, et al. Clustering and Sequential Pattern Mining of Online Collaborative Learning Data[J]. IEEE Transactions on Knowledge & Data Engineering, 2009, 21(6): 759–772.

[71] RAMESH A, GOLDWASSER D, HUANG B, et al. Modeling learner engagement in MOOCs using probabilistic soft logic[EB/OL]. (2013) [2022–07–14] https://users.soe.ucsc.edu/~getoor/Papers/ramesh–nipsws13.pdf.

[72] ROBERTS L D, HOWELL J A, SEAMAN K. Give me a customizable dashboard: personalized learning analytics dashboards in higher education[J]. Technology, Knowledge and Learning, 2017, 22(3): 317–333.

[73] ROMERO C, VENTURA S. Educational data mining: A review of the state of the art[J]. IEEE Transactions on Systems, Man, and Cybernetics, Part C: Applications and Reviews, 2010, 40(6): 601–618.

[74] ROMERO Z V A, CRESPO G R M, B D, et al. Automatic discovery of complementary learning resources[C]// European Conference on Technology Enhanced Learning, Berlin: Springer, 2011: 327–340.

[75] SCHNEIDER B, PEA R. Does seeing one another's gaze affect group dialogue? A computational approach[J]. Journal of Learning Analytics, 2015, 2(2): 107–133.

[76] SCHOOR C, BANNERT M. Exploring regulatory processes during a computer–supported collaborative learning task using process mining[J]. Computers in Human Behavior, 2012, 28(4): 1321–1331.

[77] SEDRAKYAN G, DE W J, SNOECK M, Process–mining enabled feedback: “tell me what I did wrong” vs.“tell me how to do it right” [J]. Computers in Human Behavior, 2016(57): 352–376.

[78] SHAFFER D W, COLLIER W, RUIS A R. A tutorial on epistemic network

analysis: Analyzing the structure of connections in cognitive, social, and interaction data[J]. Journal of Learning Analytics, 2016,3(3): 9–45.

[79] SIEMENS G. What are Learning Analytics? [EB/OL] (2010–02–10) [2022–07–14]. http://www.elearnspace.org/blog/2010/08/25/what–are–learning–analytics/.

[80] SIMSEK D, SHUM S B, DE L A, et al. Visual analytics of academic writing[C]//Proceedings of the fourth international conference on learning analytics and knowledge. New York: Association for Computing Machinery, 2014: 265–266.

[81] SLADE S, PRINSLOO P. Learning analytics: Ethical issues and dilemmas[J]. The American Behavioral Scientist, 2013, 57(10): 1510–1529.

[82] SOROUR S E, GODA K, MINE T. Comment data mining to estimate student performance considering consecutive lessons[J]. Educational Technology & Society, 2017, 20(1): 73–86.

[83] SU Y, LI Y, HU H, et al. Exploring college English language learners' self and social regulation of learning during wiki–supported collaborative reading activities[J]. International Journal of Computer–Supported Collaborative Learning, 2018, 13(1): 35–60.

[84] SUN D, OUYANG F, LI Y, et al. Three Contrasting Pairs' Collaborative Programming Processes in China's Secondary Education[J]. Journal of Educational Computing Research, 2021, 59(4): 740–762.

[85] SUN J C, YU S, CHAO C. Effects of intelligent feedback on online learners' engagement and cognitive load: The case of research ethics education[J]. Educational Psychology, 2019, 39(10) : 1293–1310.

[86] SUTHERS D, DWYER N, MEDINA R. et al. A framework for conceptualizing, representing, and analyzing distributed interaction[J]. International Journal of Computer–Supported Collaborative Learning, 2010,

5(1): 5−42.

[87] TINTO V. Colleges as communities: taking research on student persistence seriously [J] The Review of Higher Education, 1997, 21(2) :167−177.

[88] TSAI M J, WU A H, BRATEN I, et al. What do critical reading strategies look like? Eye−tracking and lag sequential analysis reveal attention to data and reasoning when reading conflicting information[J]. Computers & Education, 2022(187): 104544.

[89] VALLE N, ANTONENKO P, VALLE D, et al. The influence of task−value scaffolding in a predictive learning analytics dashboard on learners' statistics anxiety, motivation, and performance[J]. Computers & Education, 2021(173):1−17.

[90] VAN LEEUWEN A. Learning analytics to support teachers during synchronous CSCL: Balancing between overview and overload[J]. Journal of Learning Analytics, 2015, 2(2): 138−162.

[91] VEGA B, FENG S, LEHMAN B, et al. Reading into the text: Investigating the influence of text complexity on cognitive engagement[C]// Sixth International Conference on Educational Data Mining (EDM 2013). International Educational Data Mining Society, 2013: 296−300.

[92] VERDÚ M J, DE CASTRO J P, REGUERAS L M. et al. MSocial: Practical Integration of Social Learning Analytics Into Moodle[J]. IEEE Access, 2021(9): 23705−23716.

[93] VIDAL J C, VÁZQUEZ−BARREIROS B, LAMA M, et al. Recompiling learning processes from event logs[J]. Knowledge−Based Systems, 2016 (100): 160−174.

[94] WALKER A, RECKER M M, LAWLESS K, et al. Collaborative information filtering: A review and an educational application[J]. International Journal of Artificial Intelligence in Education, 2004, 14(1): 3−28.

[95] WEN M, YANG D, ROSE C. Sentiment Analysis in MOOC Discussion Forums: What does it tell us? [C]// Seventh International Conference on Educational Data Mining (EDM 2014). International Educational Data Mining Society, 2014: 1–8.

[96] WHITELOCK D, TWINER A, RICHARDSON J T, et al. OpenEssayist: a supply and demand learning analytics tool for drafting academic essays[C]// Proceedings of the fifth international conference on learning analytics and knowledge. New York: Association for Computing Machinery, 2015: 208–212.

[97] WILTSHIRE T J, STEFFENSEN S V, FIORE S M. Multiscale movement coordination dynamics in collaborative team problem solving[J]. Applied Ergonomics, 2019(79): 143–151.

[98] WISE A F, JUNG Y. Teaching with analytics: Towards a situated model of instructional decision-making[J]. Journal of Learning Analytics, 2019, 6(2): 53–69.

[99] WISE A F, VYTASEK J. Chapter 13: Learning analytics implementation design[M]//C. Lang G. Siemens A. Wise and D Gašević. Handbook of learning analytics (First edition). The Society for Learning Analytics Research (SoLAR), 2017: 151–160.

[100] WISE A, ZHAO Y, HAUSKNECHT S. Learning analytics for online discussions: Embedded and extracted approaches[J]. Journal of Learning Analytics, 2014, 1(2): 48–71.

[101] WORSLEY M, ABRAHAMSON D, BLIKSTEIN P, et al. Situating Multimodal Learning Analytics[C] // 12th International Conference of the Learning Sciences, ICLS 2016. Singapore :International Society of the Learning Sciences (ISLS), 2016: 1346–1349.

[102] XIE K, YUB C, BRADSHAW A C. Impacts of role assignment and

participation in asynchronous discussions in college-level online classes[J]. Internet and Higher Education, 2014(20): 10-19.

[103] YANG J, XUE Y, ZENG Z, et al. Research on Multimodal Affective Computing Oriented to Online Collaborative Learning [C] // 2019 IEEE 19th International Conference on Advanced Learning Technologies (ICALT). IEEE.2019: 137-139.

[104] YANG K. H, LU B. C. Towards the successful game-based learning: Detection and feedback to misconceptions is the key[J]. Computers & Education, 2021(160): 1-13.

[105] YU Z, GAO M, WANG L. The effect of educational games on learning outcomes, student motivation, engagement and satisfaction[J]. Journal of Educational Computing Research, 2021, 59(3): 522-546.

[106] ZAFAR S, SAFDAR S, MALIK B. Online behaviour of students in a new blended learning course: An experience report[C]//2014 IEEE International Conference on Teaching, Assessment and Learning for Engineering (TALE). New Zealand: IEEE, 2014: 387-394.

[107] ZAKI M J. SPADE: An efficient algorithm for mining frequent sequences[J]. Machine Learning, 2021, 42(1): 31-60.

[108] ZIMMERMAN B J. A social cognitive view of self-regulated academic learning[J]. Journal of Educational Psychology, 1989, 81(3): 329-339.